TEXTES LITTERAIRES

Collection dirigée par Keith Cameron

———————————

CIII

DRAME A TOULON — HENRI MARTIN

Henri Martin par Picasso

Claude Martin et Henri Delmas

DRAME A TOULON — HENRI MARTIN

Edition critique

par

Ted Freeman

UNIVERSITY
of
EXETER
PRESS

REMERCIEMENTS

Je tiens à remercier tous ceux et celles qui m'ont aidé au cours de la préparation de cette édition de *Drame à Toulon — Henri Martin*: d'abord le principal intéressé Henri Martin, ainsi que sa collègue au PCF, Mme Mathilde Angeloni, qui m'ont fourni tous deux des conseils précieux et des coordonnées relatives aux luttes du Parti communiste français contre la 'sale guerre'; les professeurs Alain Ruscio, Roger Héliès et Gino Raymond; Catherine Bensadek et Jean-Claude Lamezec de la bibliothèque marxiste de Paris; les anciens 'Pavés de Paris' José Valverde et Jacques Mignot, et surtout leur camarade Henri Delmas, qui a mis à ma disposition les manuscrits et brouillons qui constituent les premiers instants de vie de *Drame à Toulon — Henri Martin*. Henri Delmas a évoqué aussi, et avec beaucoup d'émotion, la vie de son co-auteur Claude Martin, animateur et comédien exceptionnel, disparu bien trop tôt. Finalement, j'exprime ma reconnaissance envers l'université de Bristol (Arts Faculty Research Fund et University Research Fellowship) qui m'a permis de poursuivre mes recherches à Paris, grâce à une généreuse subvention. L'encouragement et la patience de ma femme Jeanine Picard n'ont pas de prix.

First published in 1998 by
University of Exeter Press
Reed Hall
Streatham Drive
Exeter EX4 4QR
UK

British Library Cataloguing in
Publication Data
A catalogue record for this book is available
from the British Library

ISSN 0309-6998
ISBN 085989 595 5

Typeset by Sabine Orchard
Printed in the UK by
print in black, Midsomer Norton

INTRODUCTION

1 LA CONJONCTURE ARTISTIQUE: A LA RECHERCHE DU THEATRE POPULAIRE

En France, le seul exemple de théâtre populaire que je connaisse, c'est la tournée qu'a faite Claude Martin dans les usines avec la pièce sur Henri Martin. La pièce était sommaire, 'images d'Epinal' ... c'est vrai, mais elle posait un problème politique, elle parlait de ce dont parlaient les ouvriers, le Parti, et elle était jouée devant des ouvriers, là où ils travaillaient : c'était l'essentiel.

Jean-Paul Sartre, entretien avec Bernard Dort, *Théâtre Populaire*, no. 15, septembre-octobre 1955 ('Jean-Paul Sartre nous parle de théâtre').[1]

Dans les années 50, en pleine crise de la guerre froide, nombreux sont les intellectuels marxistes tels que Bernard Dort et Roland Barthes qui s'interrogent sur la possibilité de créer en France un théâtre 'populaire'. Ce désir d'un contact avec les masses n'est pas nouveau. Dès la fin du dix-neuvième siècle, animateurs et auteurs dramatiques s'étaient évertués à rechercher un public qui fût plus ouvert socialement, moins bourgeois, voire moins exclusivement parisien. En 1887, André Antoine, au cœur du mouvement naturaliste, qui avait d'importants analogues dans d'autres pays d'Europe du Nord, cherche par le moyen de son Théâtre Libre à trouver à Paris un nouveau public et à créer un nouveau répertoire théâtral. Recruter des auteurs inconnus et socialement moins conformistes que les sempiternels Augier, Dumas et Sardou qui monopolisent les grands théâtres des boulevards de la rive droite, n'est guère difficile. Pourtant, ne bénéficiant ni de mécénat, ni encore moins de subventions publiques, le Théâtre Libre d'Antoine traverse difficilement de nombreuses crises financières; il fermera ses portes en 1894. Plus précaires encore furent Le Théâtre Civique de Louis Lumet (jouant dans diverses petites salles de quartier en 1897), le Théâtre Populaire de Belleville, fondé en 1903 par Émile Berny, et deux Théâtres du Peuple, celui d'Henri Dargel, installé d'abord dans un ancien café-concert du faubourg Saint-Antoine en 1899, et celui d'Henri Beaulieu (avenue de Clichy) en 1903. Certaines de ces compagnies réussissent mieux qu'Antoine à jouer devant un public ouvrier, parfois enthousiaste pour des raisons politiques, et susceptible d'être fidélisé. Elles n'en sont pas moins victimes de la même réalité économique. La précarité des ressources financières du public ciblé entraîne l'extrême modicité du prix des places à une époque où les subventions publiques sont inexistantes. Les compagnies survivent rarement plus d'un an.

---

1   J.-P. Sartre, *Un Théâtre de situations*, Textes rassemblés, établis, présentés et annotés par Michel Contat et Michel Rybalka, Gallimard / Idées, 1973 ('Théâtre populaire et théâtre bourgeois', p. 70)

Le désir de mener une activité théâtrale entièrement en dehors de la région parisienne, d'anticiper en quelque sorte le théâtre 'décentralisé' des années 1940 et 1950, ne tarde pas à se manifester. Visant un public rural, paysan même, et de ce fait plus ambitieux qu'Antoine, Maurice Pottecher installe son Théâtre du Peuple à Bussang dans les Vosges en 1895. Sur le plan artistique, cependant, l'entreprise s'avère nettement moins ambitieuse: pendant de longues décennies — Pottecher ne mourra qu'en 1960 — le répertoire du Théâtre du Peuple de Bussang n'aura presque exclusivement au programme que les pièces folkloriques et fort médiocres de Pottecher lui-même. Paradoxe qui laisse rêveur: les efforts artistiquement plus méritoires des animateurs parisiens de 1897 à 1903 se sont soldés par un échec, alors que le Théâtre du Peuple de Bussang a fêté son centenaire en 1995. D'Antoine à Pottecher, les animateurs dont les noms sont cités ci-dessus ne sont pas les seuls à aspirer à une transformation radicale du théâtre français de la belle époque. Ils sont soutenus par les grands intellectuels du moment tels qu'Émile Zola et Anatole France. Denis Gontard, l'un des spécialistes de la décentralisation théâtrale, fait remarquer aussi l'influence du jeune Romain Rolland, à la fois théoricien et auteur dramatique, et met l'accent sur l'impact de la poussée des idées socialistes sur ce mouvement:

> Tous s'opposent, en premier lieu, à l'art dramatique tel qu'il existe, en France, dans les dernières années du siècle. Tous réclament un élargissement du théâtre, réservé jusque-là à une minorité. [...] L'idée du peuple est en l'air; on y croit ou on feint d'y croire! Pour nous, ce qui importe, c'est la part de tout ceci dans la lente prise de conscience d'une nécessaire décentralisation théâtrale, aussi bien au niveau même de Paris que de la province.[2]

Pendant les cinquante années séparant l'enthousiasme de Romain Rolland de la triste constatation de Sartre mise en exergue à cette introduction, les réflexions d'hommes de théâtre tels que Dullin et Copeau, ainsi que les rapports gouvernementaux (de Jean Zay, ministre de l'Éducation Nationale sous le Front Populaire) ne manquent pas. Les initiatives sur le terrain non plus: la plus importante sans aucun doute est le Théâtre National Ambulant de Firmin Gémier (1911), suivie, dix ans plus tard, par les premiers tâtonnements du même animateur pour établir un Théâtre National Populaire dans l'énorme salle du Trocadéro, rive droite. C'est toujours au Palais de Chaillot, loin de la banlieue populaire, que s'installera finalement, en 1951, le grand espoir de l'après-guerre, *le* Théâtre National Populaire de Jean Vilar. C'est à Jean Vilar que revient le mérite, grâce à des subventions loin d'être négligeables, d'avoir mis sur pied un système de contacts afin d'attirer vers le théâtre un public neuf:

---

2   Denis Gontard, *La décentralisation théâtrale en France 1895-1952*, Société d'édition d'enseignement supérieur, 1973, p. 23

rencontres avec les mairies de banlieue, associations, comités d'entreprise et délégués syndicaux. Vilar tient avant tout à ce que la visite au théâtre soit une expérience moins intimidante pour le spectateur d'origine populaire: places à des prix modiques, lever du rideau à huit heures au lieu de neuf heures, suppression des pourboires, programme gratuit... Il développe aussi des formules innovatrices: rencontres avec des comédiens, conférences données par des spécialistes, forfaits spectacle-repas-transport, etc.

Après des débuts prometteurs, les résultats se révèlent pourtant assez décevants, que ce soit à Paris, ou dans les théâtres décentralisés tels que ceux de Strasbourg, Lyon-Villeurbanne, Toulouse ou Saint-Étienne, où l'on prend des initiatives semblables à celles de Vilar. Comme l'a fait remarquer Émile Copfermann:

> Les résultats obtenus [...] concordent tous sur ce point: le public ouvrier, les salariés de l'industrie viennent peu au théâtre. Des conditions exceptionnelles, une initiative de militants syndicaux (délégués d'entreprises), l'occasion d'une manifestation particulière, la visite du théâtre à l'entreprise, peuvent épisodiquement laisser croire le contraire. Sociologiquement, les couches du public atteintes tournent toujours autour des classes moyennes, des lycéens et des étudiants. Public de fonctionnaires, d'employés, d'enseignants, d'étudiants, c'est-à-dire relativement satisfait socialement.[3]

C'est dans ce contexte qu'il faut replacer le jugement de Sartre, particulièrement accablant pour Jean Vilar. Ce dernier n'a d'ailleurs pas manqué de lui renvoyer la balle. Dans un article de *L'Express* du 24 novembre 1955, il fait remarquer que *Nekrassov*, pièce de Sartre des plus satiriques à l'égard de la presse capitaliste parisienne, a elle aussi été montée, comme toutes les pièces de Sartre, dans un théâtre privé de la rive droite: '*Nekrassov* est peut-être une pièce populaire d'intention. L'est-elle de consommation?'

En ce qui concerne le phénomène de 'la pièce sur Henri Martin', Sartre était bien placé en 1955 pour se prononcer, ayant publié, deux ans plus tôt, *L'Affaire Henri Martin* (Gallimard). Il s'agit d'un recueil d'essais et de plaidoyers en faveur d'un jeune marin condamné à cinq ans de réclusion pour diffusion de tracts censés avoir démoralisé ses camarades de travail, engagés comme lui dans la guerre d'Indochine. Un détail important du commentaire de Sartre est cependant inexact. *Drame à Toulon - Henri Martin*, pour reprendre le titre de la pièce publiée en 1951 par le 'Comité de Défense Henri Martin', est l'œuvre de deux auteurs, Claude Martin et Henri Delmas, et non de Claude Martin uniquement.

Des deux auteurs, Claude Martin (1915-1964), qui n'a aucun lien de parenté avec Henri Martin, est de loin le plus célèbre. Élève de Charles

---

3   Émile Copfermann, *Le théâtre populaire pourquoi?* François Maspero, 1969, p. 37

Dullin, acteur et metteur en scène, Claude Martin est suffisamment connu à la fin des années 40 pour se voir confier des rôles principaux. En 1948, il incarne notamment Montserrat, dans la pièce à succès du même titre écrite par Emmanuel Roblès, condamnant la répression impérialiste espagnole en Amérique latine à l'époque de Simón Bolívar.

Né à Paris en 1924, de neuf ans plus jeune que son camarade, Henri Delmas est bien moins connu que Claude Martin en 1950. Il fait alors partie de la troupe constituée par ce dernier, 'les Pavés de Paris'. Lorsque Claude Martin l'invite à collaborer à un projet théâtral sur un fait divers controversé sur le point de devenir l'une des grandes 'affaires' des années 50, il accepte la proposition avec enthousiasme. Les membres de la troupe sont jeunes, de gauche pour la plupart; (en 1960, José Valverde et Raymond Gerbal formeront avec Henri Delmas une compagnie le 'Franc-Théâtre' qui, pendant quatre ans, représentera dans la région parisienne des pièces dont l'orientation idéologique est claire: *Sacco et Vanzetti* (Mino Rolli et Vincenzoni), *La Mère* (d'après Gorki), *L'Exception et la règle* (Brecht), *Le Brave soldat Schweik* (d'après Hasek), et *Le Temps viendra* (Romain Rolland)). Il n'est pas surprenant que le premier signe des activités des 'Pavés de Paris' apparaisse dans le cadre de l'Union de la Jeunesse Républicaine de France. Nous retrouvons la première mention de la troupe dans les colonnes de l'*Humanité* du 5 janvier 1951:

> Une équipe de jeunes comédiens professionnels, groupée autour de l'acteur Claude Martin, a récemment monté un spectacle de grande qualité qui n'a, jusqu'à présent, été présenté que deux fois: dans le 13e arrondissement de Paris et à Gennevilliers, lors du congrès de l'U.J.R.F.
>
> Intitulé «les Pavés de Paris», ce spectacle est un enchaînement de textes dialogués, de paroles et appels historiques, de chansons qui font revivre les luttes des ouvriers parisiens. On y retrouve le Père Duchêne de la révolution de 1789, Blanqui, Jules Vallès et la Commune, puis Octobre, la Mer Noire, la naissance du Parti Communiste Français, les luttes contre le fascisme et la guerre à travers la vie des gens modestes et les actes des dirigeants ouvriers, l'Espagne, les francs-tireurs de l'occupation et l'insurrection libératrice.
>
> La foule populaire a fait un accueil enthousiaste à cette fresque dans laquelle elle s'est reconnue, et où elle a beaucoup appris; elle a repris les chansons au refrain, applaudi, entraînée par l'excellence du texte comme de la réalisation, comme si elle vivait les événements représentés.

Pour le journaliste de l'*Humanité* (comme pour Sartre quatre ans plus tard), les 'Pavés de Paris' sont associés uniquement à Claude Martin. Mais quelques mois après le spectacle de l'Union de la Jeunesse Républicaine de France (Gennevilliers), au printemps 1951, Claude Martin partage avec Henri Delmas une responsabilité majeure dans l'animation du spectacle suivant des 'Pavés de Paris'. Une version dactylographiée de *Drame à Toulon — Henri Martin* qui subsiste, et qui est en la possession d'Henri Delmas, est l'œuvre de celui-ci. De même, la vingtaine de feuillets constituant des brouillons au crayon sont de sa main. Tout en accordant donc le rôle dominant à Claude Martin dans la création des 'Pavés de Paris', nous attribuerons une part égale aux deux auteurs dans la rédaction de *Drame à Toulon — Henri Martin*. Cette répartition des responsabilités dans la création théâtrale et dans la rédaction de la pièce sur Henri Martin est conforme aux souvenirs qu'en garde Henri Delmas en 1998.

2 LA CONJONCTURE POLITIQUE: LA GUERRE FROIDE

La même année que celle de la parution du volume de Sartre, Hélène Parmelin publie chez les Editeurs Français Réunis, un ouvrage non moins engagé sur le même sujet, *Matricule 2078 (L'Affaire Henri Martin)*. L'auteur, le préfacier de l'ouvrage Léon David, et la maison d'édition annoncent la couleur: Henri Martin a un puissant défenseur en ces années troublées de la Quatrième République, le Parti communiste français. Henri Martin est des leurs, et il l'est plus ou moins clandestinement depuis 1943. Sa condamnation à cinq ans de réclusion pour distribution de tracts protestant contre la guerre d'Indochine devient l'une des grandes causes célèbres de l'époque de la guerre froide. Citons de nouveau Sartre, très proche idéologiquement du PCF pendant les années 1952-1956 (sans pourtant y adhérer):

> [...] les Cosaques galopent dans la plaine française; on va juger l'auteur de cette catastrophe, Henri Martin, l'homme qui a fait atomiser Paris en provoquant notre défaite en Indochine par ses propos inconsidérés. (Vous croyez que j'exagère? rappelez-vous les 'millions d'innocentes victimes' — futures, bien entendu — que le président Eisenhower imputait aux Rosenberg)[4]

Mentionner le nom de Julius et Ethel Rosenberg, les deux 'espions atomiques' new-yorkais, exécutés sur la chaise électrique en 1953, dans le même contexte que celui d'Henri Martin résume toute une époque, celle du nadir des relations entre la gauche française et les États-Unis. Cette époque est marquée des deux côtés par la hantise d'une éventuelle troisième guerre mondiale, atomique cette fois. Les Américains et leurs alliés dans les rangs de la droite française redoutent un écroulement des institutions démocratiques en Europe occidentale sous la poussée du communisme. Pour sa part, la gauche communiste française estime que le bon fonctionnement des institutions démocratiques n'est plus assuré aux USA: le maccarthysme et le sort des Rosenberg en sont la preuve.

Pourtant, les origines de l'Affaire Henri Martin remontent bien au-

---

4 Sartre, *L'Affaire Henri Martin*, Gallimard, 1953, p. 201

delà des années 1950-55. La guerre contre laquelle Henri Martin était loin d'être le seul à protester avait éclaté dès les premiers efforts entrepris par la France en 1945, sitôt l'occupation japonaise terminée, pour reprendre ses anciennes colonies indochinoises. Les atrocités et exactions, infligées aux indépendantistes indigènes du Viêt-minh, qui inspirent sa révulsion, ont lieu en 1946.

A la fin des années 1940, la Seconde guerre mondiale n'est plus qu'un souvenir. La situation géo-politique s'est totalement transformée, particulièrement en Asie; depuis longtemps, le Japon n'est plus considéré comme l'ennemi. Avec la victoire en 1949 des troupes de Mao-Tsê-tung, entraînant l'avènement d'un régime communiste en Chine, l'emprise de la France sur ses territoires indochinois est définitivement remise en cause. Ce bouleversement dramatique n'inquiète pas que les Français. Les États-Unis, plus que tout autre pays, s'alarment de l'influence croissante des nouveaux maîtres de la Chine, qui risque de fragiliser bon nombre de régimes sur les rives du Pacifique. Lorsque, le 25 juin 1950, la guerre de Corée éclate, la psychose d'une troisième guerre mondiale n'épargne pas la France, empêtrée plus que jamais dans une guerre coloniale, dévoreuse en hommes et en matériel. L'aide militaire qu'elle reçoit des États-Unis n'est nullement attribuée afin de soutenir un empire européen, désuet aux yeux des Américains; elle est uniquement apportée à la France pour enrayer l'extension communiste en Asie. Cette extension, qui a sa contrepartie en Europe centrale et occidentale, apparemment de plus en plus menacée par les régimes staliniens du bloc soviétique, prend des dimensions apocalyptiques.

C'est dans ce contexte que débute le procès d'Henri Martin, en octobre 1950, trois mois après l'invasion soudaine et massive des troupes nord-coréennes de Kim Il Sung. Depuis quelques semaines, les troupes de la Corée du Sud et leurs alliés américains subissent de graves revers. Aux yeux d'une certaine presse de droite, si de jeunes GI meurent en grand nombre, la responsabilité n'en incombe-t-elle pas à ces sympathisants communistes, présents dans le monde occidental tout entier? Que ce soit à Brooklyn, quartier des Rosenberg et de bien d'autres désillusionnés du rêve américain, ou à l'Arsenal de Toulon, où d'honnêtes matelots de la Marine nationale semblent succomber à la propagande malsaine des dockers communistes, la consigne est claire: il faut extirper la cinquième colonne!

3   HENRI MARTIN: LES PREMIERES ANNEES

Henri Martin est né en 1927 à Rosières (Cher) dans une famille ouvrière unie. Très tôt, il quitte l'école et apprend le métier de son père, métallurgiste. En 1944, il s'engage dans la compagnie Marat des Francs-Tireurs-Partisans et participe activement à la libération de Bourges. On le retrouve ensuite dans les combats autour de la poche de Royan, dont les circonstances sont esquissées dans les premières scènes de *Drame à Toulon — Henri Martin*. Une fois que la France est libérée et que la guerre en Europe touche à sa fin, Henri Martin, croyant que le combat contre le fascisme se poursuit en Extrême-Orient, s'engage pour cinq ans dans la Marine nationale. Lors de son procès, l'un des arguments majeurs de sa défense sera qu'en s'engageant en 1945 il pensait participer à la défaite des restes de l'armée impériale japonaise en Indochine et dans les autres pays de l'Asie continentale.

Lorsqu'il arrive, fin 1945, à bord de l'aviso *Chevreuil* au large des côtes indochinoises, la situation militaire n'est pas du tout celle à laquelle il s'attendait. Cette prise de conscience et la réaction de choc qu'elle provoque chez lui — réaction partagée, selon lui, par bon nombre de ses camarades — sont décrites dans une série de lettres lucides et émouvantes adressées à ses parents. De longs extraits de ces lettres sont publiés et commentés dans l'ouvrage de Sartre, *L'Affaire Henri Martin* en 1953.

Tout d'abord, le 16 avril 1946, il exprime son mécontentement de la vie militaire en raison de la présence à bord du *Chevreuil* d'un certain nombre d'officiers pétainistes impénitents:

> A bord, il y a juste un officier des Forces françaises libres. Pourtant le *Chevreuil* porte la croix de Lorraine. Ce n'est pas l'envie qui manque à certains de la remplacer par la Francisque. Manque d'épuration, manque complet même, quand je vous aurai dit que certains seconds-maîtres étaient sergents dans les G.M.R. à Pétain. Mais il y en a de plus important qu'eux. Ici, les types du maquis devraient presque se cacher comme au temps des Boches.[5]

Une fois les côtes indochinoises atteintes, d'autres surprises l'attendent. Loin d'être capturés et désarmés, les soldats japonais, dès l'automne 1945, ont été réarmés et déployés par les Français et leurs alliés britanniques (notamment le régiment anglo-indien du Général Douglas Gracey) pour aider à réprimer l'insurrection du Viêt-minh. En tout état de cause, le Japon n'est plus l'ennemi. La France, ainsi que les autres puissances occidentales sont bien plus préoccupées par les divers mouvements de libération nationale d'inspiration communiste en Asie du sud-est.

Autre surprise, et non des moindres pour l'ex-Résistant FTP, la présence dans les rangs du corps expéditionnaire français d'anciens soldats de la Wehrmacht ainsi que d'anciens *miliciens*, rescapés de Vichy. Mais ce qui indigne avant tout le jeune marin, c'est la brutalité systématique qui est vite devenue routine dans tous les secteurs de l'armée française.

---

5   Sartre, *L'Affaire Henri Martin*, pp. 38-39

4   INDOCHINE: 'LA SALE GUERRE'

C'est à Alain Ruscio en 1985 que nous devons l'historique de ce terme,
d'origine non-communiste:

> Contrairement à une légende tenace, l'expression «sale guerre» n'est pas de
> paternité communiste. C'est le journaliste Hubert Beuve-Méry qui, le premier,
> l'emploie («Une semaine dans le monde», 17 janvier 1948). Le P.C.F.
> l'utilisera pourtant couramment de 1948 à 1954.[6]

A son tour, Yves Benot[7] affirme que Beuve-Méry a repris le terme
entendu par le journaliste américain William Bullitt dans la bouche de
soldats français au Vietnam. Claude Martin et Henri Delmas le feront
employer à plusieurs reprises par Henri Martin dans la pièce. Il est vrai
que ce terme résume bien la réaction de Martin et de bon nombre d'autres
personnes dans son entourage, face à la brutale répression coloniale dont
ils sont les témoins. Les auteurs transposent ainsi des incidents évoqués
dans la correspondance d'Henri Martin et ses parents entre décembre 1945
et décembre 1947. Ils ont pu les retrouver (deux ans avant qu'ils ne soient
publiés et commentés par Sartre et Parmelin) dans la source principale de
la pièce, la plaquette de quarante-cinq pages de Paul Tillard, *Henri
Martin: ce qu'il a fait pour vous*, éditée par le Comité de défense Henri
Martin en 1951. L'exemplaire de ce petit ouvrage resté en la possession
d'Henri Delmas porte encore des annotations et des découpes au crayon de
certaines scènes reprises textuellement dans la pièce.

Dans ce 'cortège de crimes et de malheurs', pour emprunter
l'expression d'Alain Ruscio[8], les actes de cruauté les plus traumatisants
pour le jeune Henri Martin comprennent la destruction des maisons et des
biens personnels des Viêtnamiens et même de leur approvisionnement à un
moment de grande famine. Martin est témoin du bombardement d'un
nombre de jonques apportant des cargaisons de riz aux populations
affamées. Et, surcroît de barbarie, les jonques coulées, il assiste au
mitraillage des malheureux membres d'équipage qui essaient de se sauver
à la nage. Parmi les paysans indigènes capturés, ceux qui sont soupçonnés
de sympathiser avec le Viêt-minh, subissent un sort tout aussi
épouvantable. Tortures et exécutions sommaires sont la norme, et Henri
Martin n'est pas le seul à s'en émouvoir. En février 1952 la revue
Regards publiera des photographies de soldats tenant fièrement à la main
des têtes tranchées de 'terroristes'.

---

6   Alain Ruscio, *Les Communistes Français et la guerre d'Indochine 1944-54*, l'Harmattan, 1985, p.
      189
7   Yves Benot, *Massacres coloniaux 1944-1950: la IVe république et la mise au pas des colonies
      françaises*, Éditions la Découverte, 1994, p. 105
8   Ruscio, loc. cit, p. 267

Le 18 mai 1946, les critiques d'Henri Martin se font virulentes et tournent au véritable réquisitoire:

En Indochine, l'armée française se conduit comme les Boches le faisaient chez nous. Je suis complètement dégoûté de voir ça. Pourquoi nos avions mitraillent-ils (tous les jours) des pêcheurs sans défense? Pourquoi nos soldats pillent, brûlent et tuent? Pour civiliser? En partant, le *Chevreuil* a détruit au canon de 40 une paillotte qui offrait une belle cible. Il faut bien s'amuser.[9]

Le point de non-retour est atteint le 23 novembre 1946 lorsque la ville de Haiphong subit un bombardement naval faisant 6 000 victimes. La France est inéluctablement entraînée dans une guerre qui devait durer sept ans. Bien que l'ampleur des pertes en vies humaines dues à ce bombardement n'ait été connue en France que trois ans plus tard, (Paul Mus, *Témoignage Chrétien*, 10 février 1950), le rôle joué par les forces armées françaises est sévèrement critiqué dans les colonnes de *L'Humanité* et de *Franc-Tireur* dès l'hiver 1946-1947. Tout comme Henri Martin, les éditorialistes de ces journaux mettent en parallèle le sort des victimes coloniales et l'expérience si récente des Français lorsqu'ils étaient eux-mêmes victimes au lieu d'être agresseurs. Leur comportement est jugé 'inimaginable après quatre années d'occupation' (*Les Temps Modernes*, 24 décembre 1946).

5 LA CAMPAGNE D'HENRI MARTIN: ARRESTATION ET PROCES

La politique l'emporte sur toute autre valeur. La division du monde prime ici la justice. L'affaire Henri Martin devient Truman contre Staline.
Sartre, *Action*, 24 janvier 1952

Malgré trois demandes officielles de résiliation de son contrat d'engagement militaire, Henri Martin, comme nombre de ses camarades, n'essuie que des refus. Au bout de deux années de service dans les eaux indochinoises, il rentre à Toulon le 11 décembre 1947. Il est affecté à la station des essais des combustibles à l'Arsenal de Toulon. La campagne de distribution de tracts et d'inscription de slogans à la peinture met quelque temps à s'organiser. Entre juillet 1949 et mars 1950, une série de seize tracts ronéotypés est distribuée par Martin et un petit groupe de camarades à l'intérieur comme à l'extérieur de l'Arsenal. La plupart de ces tracts, signés 'un groupe de marins', incitent marins, dockers et personnel du port à ne plus contribuer à l'effort de guerre en raison des crimes et exactions dont ce groupe de marins a été témoin.

---

9   Sartre, loc. cit., p. 41

Dans ces tracts, Henri Martin décrit non seulement ses expériences de militaire mais les agissements de l'administration coloniale: trafic de piastres, corruption de toutes sortes, accaparement de denrées alimentaires en temps de famine, etc. Les autorités métropolitaines et certaines personnalités politiques de la quatrième République — les 'chéquards' et les 'corrompus' — sont visées, sans être nommées. Henri Martin ne cesse de souligner le coût faramineux de cette guerre à un moment où tant de reconstruction reste à effectuer en France. Que ce soit en Indochine ou à Paris, certains s'enrichissent, la conscience tranquille, alors qu'une guerre tragique fait rage: 'c'est pour vos millions que vous sacrifiez nos vingt ans'.

Le dernier de ces tracts est distribué en mars 1950. Apporter la preuve qu'Henri Martin est à l'origine de la distribution sinon de la rédaction des tracts est chose facile pour la sécurité militaire qui fait pression sur les camarades d'Henri Martin pour qu'ils révèlent le nom du meneur. Entre-temps, de portée bien plus grave, une tentative de sabotage a été commise à Toulon le 18 février: de la crasse de meule jetée dans le palier arrière de l'arbre porte-hélice du *Dixmude*, aurait pu retarder l'appareillage du porte-avions si l'incident n'avait été découvert à temps. L'auteur de cet acte criminel avoue sa responsabilité; il s'agit de Charles Heimburger, jeune marin alsacien victime de problèmes psychologiques à la suite de sa conscription forcée dans les rangs de l'armée allemande pendant la guerre. Henri Martin serait, selon lui, l'incitateur de son geste. Ils sont tous deux arrêtés et écroués.

Tout en reconnaissant sa responsabilité dans la distribution des tracts, Henri Martin nie toute connaissance de la tentative de sabotage: il affirme que s'il avait connu les intentions de Heimburger, il l'en aurait dissuadé. Il est cependant accusé de tentative de démoralisation des forces armées françaises, par le moyen des tracts.

Le procès commence devant le tribunal militaire de Toulon à la date indiquée dans la pièce, le 17 octobre 1950. Coup de théâtre le premier jour de l'audience: Heimburger revient sur ses déclarations et avoue avoir l'unique responsabilité de son acte: 'Monsieur le président, je reconnais que je suis le seul coupable de cet acte de sabotage. Martin est innocent.[...] C'est dans l'intention de me disculper en partie que j'ai accusé Martin. Mais je ne veux pas qu'un innocent soit accusé à ma place.'[10]

Ce sera aussi l'occasion d'une didascalie 'dramatique' pour Claude Martin et Henri Delmas: '*Remue-ménage chez les juges. Exclamations et rumeurs en coulisse.*' Le chef d'accusation n'en est pas retiré pour autant.

---

10 Hélène Parmelin, *Matricule 2078 (L'Affaire Henri Martin)*, Éditeurs Français Réunis, 1953, pp. 123-24

Deux jours plus tard, ce ne sera que de justesse — quatre voix contre trois — qu'Henri Martin échappera à la condamnation pour complicité de tentative de sabotage du *Dixmude*. Tous ceux qui se sont penchés sur l'affaire sont d'avis que la 'tentative de sabotage' n'était rien d'autre qu'un coup monté par les autorités navales et le ministère de la Défense, qui tenaient à tout prix à mettre sur le dos d'Henri Martin un méfait bien plus grave que celui d'une distribution de tracts. Selon cette thèse, un autre marin alsacien, Liebert, en concertation avec les autorités navales, aurait servi d'agent provocateur, manipulant Heimburger et l'incitant à tenter l'acte de sabotage et à désigner Henri Martin comme complice. Tous ces échanges entre les conspirateurs - c'est du moins la façon dont ils sont présentés, non sans une pointe d'ironie, par Claude Martin et Henri Delmas - occupent une place centrale dans *Drame à Toulon — Henri Martin*. Pour les auteurs, s'appuyant sur la plaquette de Paul Tillard, les sympathies ouvertement pétainistes de certains des juges entrent pour une grande part dans le verdict et la sévérité de la peine infligée. Ils mettent aussi l'accent sur le casier judiciaire de Liebert et sur le fait qu'il s'était engagé volontairement dans la marine allemande pendant la Seconde guerre mondiale.

Le procès-verbal des débats témoigne du courage et de la prouesse verbale avec lesquels Henri Martin assure sa défense. Le président reconnaît les qualités professionnelles de l'accusé — 'passé remarquable... que des éloges... courageux, intelligent, discipliné', etc, — et c'est ainsi que, textuellement, Paul Tillard, puis Claude Martin et Henri Delmas, choisissent de commencer respectivement la plaquette et la pièce. La notoriété de nombreux témoins à décharge reflète la dimension nationale du procès: le capitaine de vaisseau Louis de Villefosse et l'amiral Moullec notamment, avaient tous deux atteint les plus hauts rangs dans les Forces Navales Françaises Libres pendant la guerre. A cause de sa déposition en faveur d'Henri Martin, l'amiral Moullec sera mis à la retraite d'office, deux mois après le procès.

Henri Martin est néanmoins condamné, reconnu coupable, par cinq voix contre deux, de tentative de démoralisation de l'armée, quoiqu'aucune preuve d'effet démoralisateur n'ait été apportée. Sa peine: cinq ans de réclusion et la dégradation militaire, la même peine que celle écopée par Heimburger pour tentative de sabotage.

Depuis les actions des maquisards dans le Cher en août 1944 jusqu'au procès de Toulon en octobre 1950, tous les incidents majeurs dans la vie d'Henri Martin sont traités de façon plus ou moins documentaire par Claude Martin et Henri Delmas, dates parfois très précises à l'appui. Ces incidents constituent la trame de la pièce, telle qu'elle a été créée le 20 juin 1951 à Paris. Elle se termine sur le verdict et le jugement du tribunal de Toulon six mois auparavant, le 19 octobre 1950: tous les amis d'Henri

Martin à Toulon prennent la résolution de se consacrer à son acquittement et à sa libération. Cette version est la première, dont aucune édition imprimée ne semble subsister. Au printemps 1951, le jugement de Toulon est cassé pour vice de forme, l'un des officers-juges ayant adressé des paroles hostiles à un témoin, et un second procès d'Henri Martin et de Charles Heimburger a lieu à Brest du 11 au 19 juillet 1951. Cette fois, il n'y a plus de chef d'accusation pour tentative de sabotage contre Martin, ce qui n'empêche pas pour autant qu'il se voie infliger exactement la même peine qu'auparavant. Il doit purger le reste de ses cinq années de réclusion à la Centrale de Melun; il sera en fait grâcié par le Président Vincent Auriol le 2 août 1953, au bout de quarante mois de bagne.

Après le 19 juillet 1951 donc, c'est-à-dire très tôt dans l'histoire des représentations de *Drame à Toulon — Henri Martin*, la fin de la pièce est très légèrement modifiée. L'affirmation du jugement de Toulon par le tribunal de Brest le 19 juillet 1951 n'est pas dramatisée dans cette version définitive de la pièce, mais résumée de façon succincte par le Récitant. C'est au 'bagnard à la Centrale de Melun' désormais qu'une 'formidable *Marseillaise*' et des cris scandés de «*LIBEREZ HENRI MARTIN!*» sont adressés lorsque 'plusieurs fois le petit rideau tombe et se relève.'

6   ANDRE MARTY S'EN MELE: LES TOURNEES DES 'PAVES' EN PROVINCE

Dans *L'Affaire Marty*, ouvrage publié en 1955, André Marty cherche à se justifier, en détaillant les circonstances dans lesquelles il a été exclu du PCF en automne 1952. Il y fait rapidement allusion à son rôle prépondérant au tout début de l'affaire Henri Martin: 'on cite le cas Martin (pour lequel j'ai dû lutter pour imposer la campagne en 1950, campagne arrêtée dès septembre 1952)'[11]. Que cette revendication de sa responsabilité dans la campagne soit justifiée a été clairement démontré par Alain Ruscio. En 1950, Marty est le numéro trois du PCF et jouit depuis trente ans d'une réputation légendaire d'ancien 'mutin de la mer Noire'. Dans *L'Affaire Marty,* il parle d'autres moments dans l'histoire de la marine française, pendant la guerre du Maroc en 1925-26, par exemple, où des marins se sont révoltés, tout comme lui au large de la Russie bolchévique en 1919, contre une guerre injuste. Il est président d'honneur de l'association des 'Anciens de la mer Noire'; il détient une responsabilité au sein du PCF pour la lutte contre la guerre d'Indochine, et s'occupe des rapports avec les organisations de jeunesse. C'est Marty déjà qui, en 1949, avait chargé un autre militant, Jean Mérot, rédacteur en

---

11   André Marty, *L'Affaire Marty*, Éditions des Deux-Rives, 1955, p. 175

chef de *L'Avant-Garde*, d'aller à Toulon pour maintenir une discrète liaison avec Henri Martin lors de la campagne des tracts.

Après son arrestation, le 13 mars 1950, Henri Martin n'est nullement lâché par le Parti. Dans les mois qui précèdent le procès de Toulon, et à un rythme accéléré, des articles paraissent dans *L'Humanité, Action, La Vie Ouvrière* et *L'Avant-Garde*. Allusion est faite aux 'marins de la liberté' et, de plus en plus, uniquement à leur chef; Henri Martin est en train de devenir un 'cas'. A partir du procès de Toulon, André Marty mène la campagne pour la libération de Martin sur tous les fronts. Il signe lui-même de nombreux articles dans *L'Humanité*, et il 'encourage' des rendements de stakhanoviste de la part d'autres responsables. La journaliste Hélène Parmelin, notamment, publie presque chaque jour un rapport sur les activités des centaines de comités Henri Martin, dont le secrétaire national est le sénateur des Bouches-du-Rhône, Léon David: collectes d'argent, manifestations, lettres et pétitions au Président Vincent Auriol, inscriptions à la peinture exécutées par les 'acrobates de la liberté' sur les viaducs et jusque sur les balises du port de Brest, etc. Du 'challenge cycliste Henri Martin (350 kms en 4 étapes)' et de l'inauguration du Boulodrome Henri Martin dans le 15e arrondissement à Paris, à des expositions de portraits et de tableaux par Picasso, Léger, Fougeron et Pignon, des concerts, des anthologies de poésie — toutes les voies sont explorées afin de toucher un vaste public, susceptible de souscrire à la campagne contre la guerre d'Indochine, en dehors des sphères des militants communistes.

C'est dans ce contexte qu'on imagine l'intérêt avec lequel André Marty apprend, au printemps 1951, que les 'Pavés de Paris' préparent une pièce sur Henri Martin. La troupe de Claude Martin, nous l'avons déjà vu, n'est pas inconnue dans les milieux des jeunesses communistes. Le 5 janvier 1951, *L'Humanité* a applaudi avec enthousiasme son spectacle de 'textes dialogués' et chansons au sujet des 'luttes des ouvriers parisiens'. Ces luttes englobaient, nous l'avons vu, 'la mer Noire' et la guerre d'Espagne. Il n'est pas exclu donc qu'il y ait eu au préalable un rapport quelconque entre Claude Martin et le Communiste français dont le passé quasi légendaire était, en 1950, indissociable dans l'imagination populaire de ces hauts faits de la lutte socialiste. En tout cas, à partir du moment où, d'après les souvenirs d'Henri Delmas, André Marty se présente aux répétitions, se déclare fort content de la pièce, et s'en va en proposant le titre *Drame à Toulon*, tout change pour les 'Pavés de Paris'. Après la création de la pièce dans la salle de la 'Grange-aux-Belles' à Paris, la troupe bénéficiera, pendant un peu plus de deux ans, du massif soutien matériel et moral du PCF partout en France. La première a lieu le 20 juin 1951 — trois semaines avant le procès de Brest. C'est donc tout de suite dans le Finistère que seront rodées l'organisation des tournées par le

Comité de défense et la prise en charge par le Secours populaire des divers frais: transports, publicité, hébergement et salaires des comédiens. Dans une série de tournées, sillonnant un grand nombre de départements de l'Hexagone, *Drame à Toulon — Henri Martin* sera représenté plus de trois cents fois devant au moins cent mille spectateurs. Les dernières représentations, en Loire-Atlantique, ont lieu en septembre 1952... mois où l'univers d'André Marty s'écroule. Coïncidence?

L'ambiance de ces tournées et le sentiment de solidarité entre les comédiens, malmenés par les CRS et frustrés par les interdictions préfectorales du gouvernement Pinay d'un côté, chaleureusement accueillis et hébergés par des militants du PCF et de la CGT de l'autre, ont été racontés dans le détail par Alain Ruscio[12]. A partir de longs entretiens et échanges de courrier avec le plus grand nombre possible d'intéressés — comédiens, responsables du Parti, militants de base — il a exploré tous les éléments de cette étonnante saga, qui constitue l'un des moments forts de la lutte contre la guerre d'Indochine.

Drame à Toulon — Henri Martin est peut-être aussi, deux ans durant, un moment unique dans la recherche d'un 'théâtre populaire' au sens de théâtre attirant les masses. Ce saint-graal théâtral dont, depuis un siècle, nostalgiques intellectuels et animateurs progressistes n'ont eu qu'une vision des plus évanescentes, semble soudain à la portée de Claude Martin:

> Je voudrais prendre des exemples concrets, portant sur la dernière série des représentations de *Drame à Toulon* dans les Bouches-du-Rhône, le Var, le Vaucluse, le Rhône (27 représentations en 27 jours). La première mise à part — celle-ci étant une représentation particulière donnée à Gémenos à l'occasion de la fête annuelle du journal *La Marseillaise* devant 15.000 spectateurs — sur les 26 autres représentations le nombre moyen de spectateurs fut de 700, la collecte en fin de représentation pour le Comité de défense Henri Martin rapporta 10.000 francs de moyenne et 145 exemplaires de la pièce étaient vendus en fin de représentation. Nous avons joué quelquefois dans une grange ou dans de petites salles qui ne contenaient pas plus de 400 personnes; nous avons eu aussi 2.000 personnes à Givors, 1.300 à Saint-Fons, 1.100 à Saint-Lagare, à Marseille et aux chantiers de Donzère-Mondragon à Bollène.[13]

Si, quantitativement, le bilan dressé par Claude Martin est impressionnant, la nature de l'expérience théâtrale est tout aussi extraordinaire: 'nous jouions devant un public populaire qui attendait de nous, avec beaucoup

---

12 Alain Ruscio, *Les Communistes Français et la Guerre d'Indochine, 1944-54*, L'Harmattan, 1985; le chapitre sur Henri Martin et les 'Pavés de Paris' est repris dans 'Mémoire: Parti communiste et théâtre militant — *Drame à Toulon*', 'L'Affaire Henri Martin (1949-1953) — Notes d'histoire', *Acteurs*, troisième trimestre 1988, nos. 61-62-63

13 Claude Martin, 'Réflexions sur une tournée', *La Nouvelle critique*, septembre-octobre 1951, pp. 73-78

d'espoir, qu'on lui prouvât que le théâtre était fait pour lui'[14]. Il s'agit pour bon nombre de ces spectateurs d'une première expérience théâtrale. Le résultat est plutôt inattendu: une 'liaison étroite' avec la troupe, qui constitue aussi une première dans les treize ans d'expérience professionnelle de Claude Martin. Ses 'Pavés de Paris' joueront pendant vingt-six mois devant un public neuf, emballé, hésitant peu à réagir:

> Presque chaque fois, les méchants étant conspués par quelques-uns et applaudis par les autres, une discussion s'ensuivait pour savoir s'il fallait s'abandonner à siffler le vilain personnage ou applaudir l'acteur qui l'interprétait bien. Qu'on ne vienne d'ailleurs pas parler, à ce propos, de «grossièreté de réaction», car, dans la pièce, les personnages odieux ne sont pas «chargés» par opposition aux personnages honnêtes. Il n'y a pas un style pour le mouchard et un autre pour le héros; l'Inspecteur de police, dans la pièce, n'est pas plus «mélo» que les policiers des films américains; seulement Henri Martin a réellement souffert des agissements malhonnêtes de l'Inspecteur de police, et ce dernier a quelques raisons d'être détesté par le public populaire qui aime Henri Martin.[15]

Les acteurs professionnels des 'Pavés de Paris' ne sont pas les seuls à représenter le drame d'Henri Martin devant des spectateurs. Très tôt, les Éditions de l'Avant-Garde publient des extraits de la pièce, sous le même titre, avec 'indications de mise en scène à l'intention des jeunes groupes amateurs [...] démunis de moyens financiers. [...] Cette pièce pourra être jouée partout, dans les bals, goguettes, petites fêtes, dans les soirées, au départ des conscrits, etc'[16]

D'après les recherches d'Alain Ruscio dans les archives de l'Union de la Jeunesse Républicaine de France, vers l'apogée de la campagne, une cinquantaine de troupes d'amateurs sont constituées, plus ou moins inspirées par la 'grande troupe', d'où, à titre d'exemple, les 'Pavés de Seine-et-Oise'. Qu'il s'agisse de ce choix de scènes essentielles ou de la pièce en entier, les représentations de *Drame à Toulon — Henri Martin* ont toujours été susceptibles d'être adaptées à des circonstances ponctuelles. La pièce est jouée très tôt à Brest, ville où a lieu au même moment le second procès, mais aussi l'une des villes de France les plus endommagées lors des bombardements alliés. Le témoignage d'un militant finistérien, Fanch Tanguy, est éloquent à cet égard:

> L'ensemble de la troupe se retrouve chaque jour au 'restaurant du printemps' de la rue Portzmoguer. C'est là qu'avec Claude Martin et ses comédiens l'idée d'aller en direction des travailleurs, convenue avec les organisations concernées, est mise au point. Après avoir arrêté la séquence de la pièce qui va être interprétée, c'est vers les travailleurs du bâtiment que va s'effectuer cette

14 Claude Martin, loc. cit., p. 74
15 Claude Martin, loc. cit., pp. 74-75
16 Éditions de l'Avant-Garde, 9 rue Humblot, Paris 15, sans date (1951/1952)

initiative. Le lieu qui a été retenu en commun est le chantier de l'église Saint-Louis, au centre-ville, dont la dalle de béton émerge du sol. Tout autour, de nombreux chantiers sont ouverts à la reconstruction. La séquence retenue est celle de la comparution au procès de Toulon. Le décor du centre de Brest en ruines se prête excellemment. [...] Tout est amoncellement de décombres, de caillasse, de tas de sable, de sacs de ciment...[17]

Le moment de la pièce exploité par les cégétistes du bâtiment brestois, en concertation avec les 'Pavés de Paris', sera celui où Henri Martin est interrogé par le président du tribunal sur une éventuelle inspiration extérieure pour ses tracts. Tanguy cite une séquence de répliques, et termine son extrait ainsi, en fournissant les didascalies nécessaires:

> HENRI MARTIN: (*se tournant vers les ruines*) Monsieur le président, je n'en avais pas besoin (*il fait ici un geste circulaire, le bras et le doigt tendus*), il suffit de regarder ce qui reste à reconstruire dans notre pays pour comprendre que les crédits militaires sont trop lourds, et qu'il vaut mieux mettre toutes ses forces au service de la paix...
> *Et la scène se termine par la remise, aux pieds du président, de volumineux paquets de pétitions réclamant la libération d'Henri Martin.*[18]

C'est ainsi, par cette astucieuse récupération en plein air d'un texte dramatique, que des délégués syndicaux d'ouvriers du bâtiment en province renforcent l'une des objections matérielles les plus souvent faites à la guerre d'Indochine au niveau national: dans cette guerre ingagnable s'engouffrent des crédits monstrueux, dignes d'un meilleur emploi. Le théâtre à ciel ouvert n'est pas sans avantages, et il ne pleut pas toujours à Brest.

7   'UNE PIECE SOMMAIRE,"IMAGES D'ÉPINAL" '?

Le jugement de Sartre est sévère, sans appel. Les auteurs n'en disconviendraient peut-être pas; Claude Martin n'a-t-il pas terminé ses 'Réflexions' par la conviction que 'la pièce [...] ne se servait pas d'Henri Martin pour exister, mais existait pour servir Henri Martin, mettant en scène la vérité et la vie, au moyen d'une expression dramatique simple...'? Et les deux auteurs semblent insister, dès le deuxième tableau, sur une vision plutôt manichéenne des personnages:

> 'LE VIEUX: C'est le peuple qui est heureux, qui chante et qui rit dans la rue. Les méchants seront punis, et les bons à l'honneur. C'est un vrai Printemps,

---

17 Fanch Tanguy, *La C.G.T. dans le Finistère 1944-1968. 1: La Bataille commence*, Union départementale C.G.T. du Finistère, Brest 1986, pp. 279-280
18 Fanch Tanguy, loc.cit., pp. 280-281

cette Libération. Maintenant qu'on y a goûté, il faudra s'accrocher ferme pour que ça dure!'

Associé uniquement à une troupe qui avait fait ses débuts dans le cadre de l'Union de la Jeunesse Républicaine de France, *Drame à Toulon — Henri Martin* est une pièce créée par les jeunes, et pour les jeunes. Ce sont en effet, dans la pièce, les jeunes personnages qui, en émergeant de la Seconde guerre mondiale, constituent l'avenir du pays... à condition de ne pas perdre la vie tout de suite dans une nouvelle guerre, coloniale cette fois, qui pointe à l'horizon. Tel est le sort de François, personnage secondaire, inventé par les auteurs, comme son inconsolable fiancée Yvonne, pour apporter quelques éléments de suspense et de pathos, sinon de tragédie, à la vie du héros exemplaire qu'est Henri Martin.

Henri Martin n'est pour rien dans la mort de François, ni de celle d'aucun autre personnage dans la pièce; le maquisard FTP a la conscience tranquille. Nulle pièce politique de l'époque de la guerre froide n'est plus éloignée, à cet égard, des drames de Camus, Sartre, Salacrou, Simone de Beauvoir, Thierry Maulnier. Il y a une différence essentielle aussi entre Henri Martin, tel qu'il est présenté par Claude Martin et Henri Delmas, et un personnage dramatique que Claude Martin connaissait bien, pour l'avoir incarné avec grand succès. Il s'agit de Montserrat, le héros de la célèbre pièce d'Emmanuel Roblès, qui a été créée en 1948 à Paris et à Alger.

Tout d'abord, certaines ressemblances sont frappantes. *Montserrat* est situé au Venezuela en 1812, lors du mouvement indépendantiste mené par le futur *Liberador*, Simón Bolívar. Au début de la pièce, Montserrat, jeune officier espagnol, est outré par le cynisme de ses compatriotes, qui répriment brutalement l'insurrection sud-américaine, alors qu'au même moment l'Espagne souffre cruellement sous le joug de la répression napoléonienne. Il fait état de son dégoût, et ses cris de colère semblent faire écho à ceux d'Henri Martin, indigné, si peu de temps après Oradour-sur-Glane, que des atrocités puissent être commises par certains de ses compatriotes sur un peuple colonial qui réclame sa liberté. Comme celui d'Henri Martin, le réquisitoire de Montserrat est sans appel:

Vous, mon Père, n'êtes-vous point révolté par ces persécutions, ces massacres, ces pillages, ces violences? Vous qui approuvez cette levée de tout notre peuple en Espagne contre les mercenaires de Bonaparte, comment pouvez-vous condamner ces hommes qui, sur leur propre sol, veulent se battre pour être libres et vivre comme des hommes? Avant-hier, encore, des soldats du bataillon d'Alora ont voulu enlever des jeunes filles indigènes au village de Totulas. Ils se sont heurtés à la résistance de toute une population qu'ils ont attaquée sauvagement et dont ils ont incendié les chaumières... En Espagne, les Français sont nos oppresseurs cent fois haïs. Et ici, sur cette terre neuve, ce sont les soldats espagnols qui maintiennent tout un peuple dans un noir esclavage.[19]

Pourtant, l'exploitation dramatique de ce paradoxe par Roblès est tout à fait différente du traitement par Claude Martin et Henri Delmas du même genre de situation dans *Drame à Toulon — Henri Martin*. Montserrat 'trahit' sa patrie, en facilitant l'évasion de Bolívar d'un guet-apens espagnol. Arrêté par ses supérieurs et contraint de laisser fusiller six otages pour protéger la fuite de Bolívar, le personnage de Roblès vit un cauchemar, un dilemme strictement personnel, que ne connaît pas le protagoniste de la pièce documentaire de Claude Martin et Henri Delmas. Le 'marin de la liberté' n'a aucune mort sur la conscience; nul enfant ne meurt de sa main pour que les paysans vietnamiens soient libres. Il a autant de courage que Montserrat... mais, puisque le dilemme, par exemple, de décider personnellement du sort du général Giap ou de Hô Chi Minh lui est épargné, il a aussi, dans un sens, beaucoup plus de chance.

Le massif soutien matériel du PCF entre 1947 et 1952 n'eût jamais été mobilisé pour venir au secours, encore moins pour soulager les états d'âme, d'un Kaliayev ou d'un Hugo Barine. Agissant sans peur, sans reproche, *et sans angoisse*, Henri Martin est tout le contraire des héros de ces drames existentialistes incessamment vilipendés par les camarades théoriciens de Marty, les Garaudy, Casanova, et autres Jdanov du PCF aux moments les plus tendus de la guerre froide[20].

Au début de *Drame à Toulon — Henri Martin* donc, les jeunes FTP se battent héroïquement pour libérer la France de 'la vermine hitlérienne'. Ce sont les soldats du peuple, mal équipés: 'pas d'uniforme, pas de chaussures, des sans-culotte, voilà ce qu'on est [...] Ah! ils sont beaux les soldats de la République'. Ces allusions ironiques de François à l'une des phases mythiques de la Révolution nous ramènent en effet à l'ère où la technique de l'image d'Épinal, et la métaphore qui en résulte, furent léguées au monde par Jean-Charles Pellerin (1756-1836). Toute cette première section de la pièce se termine en un *tableau:* le capitaine FTP Daniel, personnage réel ayant trouvé la mort dans les combats autour de Royan, confie aux jeunes le devoir de continuer la lutte 'jusqu'au bout, jusqu'à la victoire [...] pour que le peuple soit libre et heureux... dans la paix'. Le jeune homme à qui le commandant mourant confie ce rôle, en lui serrant la main, est, bien sûr, Henri Martin. Celui-ci prend la relève, ainsi que François. Tous deux partent, de nouveau, à une guerre prétendument libératrice. Si ces guerriers sans repos meurent, d'autres,

---

19 Emmanuel Roblès, *Montserrat*, Seuil, 1954, p. 21
20 Roger Garaudy, *Une Littérature de fossoyeurs*, Éditions sociales, 1947; Laurent Casanova, *Le Parti communiste, les intellectuels et la nation*, Éditions sociales, 1949

encore plus jeunes, attendent leur tour littéralement dans les coulisses.

La vingtaine de comédiens habituellement présents lors des tournées s'affairent dans les coulisses tout au long de cette pièce: cris scandés, sifflets de CRS, bruits de bombardements et de combats, manifestations, 'beuglements de crapauds buffle' (en Indochine), et surtout des chansons. On chante beaucoup dans *Drame à Toulon — Henri Martin*. Pour accompagner le retour sur la scène des *gosses*, les futurs remplaçants symboliques de François et Henri Martin, 'on entend chanter le couplet du «Chant du Départ»'. Ce couplet de l'hymne jacobin qui fut chanté par les écoliers de la 1re République, commémore l'héroïsme des jeunes martyrs exemplaires dans le Panthéon de la Révolution: Joseph Bara, tambour tué en Vendée en 1793 à l'âge de 14 ans, et Joseph Agricol Viala, mort tout aussi jeune, à la même époque, en Provence. Le chant a donc une valeur thématique pour la pièce, tout comme un autre, bien plus récent, dont on entend souvent le refrain. Indiqué seulement par les quelques premières paroles 'Ma blonde entends-tu...?', le chant 'Au-devant de la vie', est l'œuvre de Jeanne Perret, membre de l'Association des écrivains et artistes révolutionnaires (l'AEAR). 'Au-devant de la vie' remonte à l'époque du Front Populaire et a dominé un certain temps le répertoire des mouvements de jeunesse de gauche.

Une autre chanson célèbre du mouvement ouvrier est entonnée. Il s'agit de 'Gloire au 17e!', créée en 1907 lors du refus — *'crosses en l'air'* — du 17e régiment d'infanterie de Béziers de tirer sur des vignerons qui manifestaient. Elle aussi est à sa place dans une pièce qui, tout comme l'avait fait Henri Martin au procès de Toulon, cherche à réconcilier le métier de militaire et les convictions républicaines. 'Gloire au 17e' ne réapparaît pas dans la pièce; elle est exploitée ponctuellement, chantée 'A TUE-TETE!', en conclusion d'une des scènes les plus curieuses sur le plan politique. Il s'agit de l'avant-dernière scène de la pièce, celle où le Père Flandrin, fort de sa longue expérience de syndicaliste militant, remonte le moral aux jeunes, en leur rappelant la devise de la CGT: 'Un pour tous, tous pour un.' Ce n'est qu'en se solidarisant qu'ils feront sortir Henri Martin du bagne. Ils suivront ainsi ceux qui, trente ans auparavant, avaient fait libérer un illustre prédécesseur, André Marty. Flandrin se lance dans un discours d'une étonnante longueur, trois pages, évoquant pas moins de sept fois le nom de Marty, 'pire ennemi des canailles'. Dans l'état actuel de nos recherches, il n'est pas possible de déterminer les circonstances précises qui ont poussé les auteurs à témoigner de leur gratitude envers André Marty, le seul dirigeant contemporain du PCF auquel la moindre allusion est faite, en des termes associés habituellement avec le culte d'un Staline ou d'un Thorez.[21]

---

21 Thorez sera en effet adulé en 1952 dans la 'fresque dramatique et lyrique' d'Henri Bassis, *Celui de*

Ce long passage, situé juste avant la conclusion, est d'autant plus remarquable que toute allusion au Parti communiste français est absente de la pièce. Peut-être faut-il s'en étonner dans un ouvrage empruntant tant d'éléments à la plaquette de Paul Tillard, qui, lui, n'hésite pas à mentionner le PCF, ainsi que le président du Comité de défense, Léon David, sénateur communiste des Bouches-du-Rhône. Et, avant l'ouvrage de Tillard, les fameux tracts d'Henri Martin lui-même — Sartre l'a remarqué le premier — doivent leur inspiration à l'influence du PCF. Comme l'a dit l'auteur de *L'Affaire Henri Martin*, 'Henri Martin est pénétré — c'est sûr — par l'idéologie du P.C: dans les déclarations qu'il inspire, rédige ou corrige, on retrouve la phraséologie du Parti'.[22] Il en est de même de la pièce: l'ennemi contre lequel Henri Martin et ses camarades FTP se battent est 'la vermine hitlérienne'; en août 1944, la victoire est imminente parce que 'les Russes sont dans les faubourgs de Varsovie'; si 'Toulouse est libérée' [...] et 'les nazis sont encerclés à Falaise', il n'y a aucune allusion aux alliés anglo-américains. La grande menace qui pèse sur l'Europe occidentale vers 1950 est le réarmement allemand, soutenu et renforcé par la présence de la nouvelle armée d'occupation, celle des Américains. Le seul représentant de cette armée présent dans la pièce est un GI, un ivrogne caricatural qui ne trouve d'ami à Toulon que dans la personne d'un CRS. S'il manque à ce personnage la mentalité meurtrière et raciste de ceux qui tyrannisent la Corée dans *Le Colonel Foster plaidera coupable* de Roger Vailland, qui aura son unique représentation le 15 mai 1952, il n'en est pas moins digne du tableau d'André Fougeron 'La Civilisation atlantique' (1953). Tout au long de *Drame à Toulon — Henri Martin* donc, il y a un discours communiste sous-jacent, sans que Claude Martin et Henri Delmas fassent allusion directement au communisme ou au PCF. Faut-il s'étonner, vu cette circonspection de la part des auteurs, qu'on n'entende pas le moindre refrain de 'L'Internationale'?

Que ce soit pour faire danser garçons et filles au 'vrai Printemps' de la Libération, ou pour accompagner les dernières strophes de l'apothéose d'André Marty, la dimension lyrique de *Drame à Toulon - Henri Martin* est de la plus grande importance. Une quinzaine de fois, les auteurs indiquent des accompagnements avec chœurs, comprenant les chansons populaires et républicaines citées ci-dessus, des chants de marins dont les paroles sont fournies en annexe, et 'des chants vietnamiens' dont aucune indication ne subsiste. En finale, tous les 'bons' entonnent — on pourrait s'y attendre — cette 'formidable Marseillaise' dont se souvient toujours Henri Delmas en 1998. Elle sert de fond sonore pendant toute la dernière

---

France que nous aimons le plus, créée à la Mutualité le 13 juin 1952
22   Sartre, loc. cit., p. 92

scène, entrecoupant le commentaire du Récitant et les répliques des personnages qui le précèdent sur scène, c'est-à-dire les deux officiers-juges qui ont eu le courage, à Toulon, de voter pour l'acquittement d'Henri Martin. Pas moins de huit fois, les auteurs indiquent des crescendo, des arrêts complets, des reprises, des instants où 'la Marseillaise' 'est devenue faible', et un autre où le couplet 'Que veut cette horde d'esclaves' doit être synchronisé avec les allusions faites par le Récitant aux sept juges de Brest.

Le Récitant nous apprend que lorsqu'ils l'ont entendu chanter, les juges de Brest, 'blêmes', se sont sauvés, s'enfuyant du tribunal. Ils sont les derniers dans la longue lignée de 'méchants' qui rôdent dans les coulisses et guettent les 'bons': officiers pétainistes, agents provocateurs et mouchards à la solde du gouvernement Pinay, trafiquants en piastres, ministres et fonctionnaires peu scrupuleux, combinards de toutes sortes et dont certains sont nommés, notamment le célèbre trio, Mast, Revers et Peyré; finalement, un CRS (*'très attentionné après avoir salué'*) s'encanaillant avec un GI ivre. Faut-il donc faire sien le jugement de Sartre selon lequel 'la pièce sur Henri Martin' est dans la plus pure tradition des *images d'Épinal*?

Si *Drame à Toulon — Henri Martin* témoigne de l'efficacité mobilisatrice d'une pièce de théâtre, lorsque l'entreprise est soutenue par le puissant organe politique qu'est le PCF en 1951, quel jugement peut-on porter sur sa valeur dramatique propre? Le texte de la pièce tel qu'il est présenté dans cette édition nous encourage à croire que cette œuvre unique est plus sophistiquée que ne le suggère l'affirmation péremptoire de Sartre dans *Théâtre populaire*. Le professionnalisme des jeunes auteurs se reflète dans leur organisation de l'espace théâtral et dans l'agencement dynamique et rapide de l'intrigue. Dès les fameux '3 coups' qui annoncent le lever du '*grand* rideau', le spectateur est invité à assister à un retour en arrière, qui se déroulera devant ses yeux sur un autre plateau, celui du '*petit théâtre monté sur tréteaux*'. Un couplet de la 'Complainte du marin', chanté en coulisse, précède les premières données historiques, qui sont annoncés en une seule phrase par le Récitant. Tout au long de la pièce, les auteurs feront preuve de leur maîtrise parfaite des moyens scéniques dont ils disposent. Ils entrelacent commentaires, dialogues, chants, voix et bruits off, cris scandés, etc.; ils les accompagnent de jeux de lumières et de projection (gros plan, noir, fondu enchaîné, etc.) pour renforcer le choc ressenti par Henri Martin, confronté à l'horreur de la guerre d'Indochine.

C'est la représentation documentaire de cette prise de conscience et de ses conséquences juridiques qui constituent la trame de la pièce. Qu'il y manque l'impact dramatique qui résulterait d'une crise morale dans l'âme du personnage central, nul ne saurait le nier. Pour Henri Martin, nous l'avons vu, la décision de mener une campagne de protestation contre la guerre d'Indochine est tout le contraire d'un dilemme: aucun camarade, aucun paysan viêtnamien ne paieront de leur vie le prix de cette action courageuse. Mais ce que la pièce perd en profondeur morale et philosophique, elle le regagne en dynamisme et en richesse d'effets scéniques. Les auteurs brossent une vaste gamme de personnages, qui sont loin d'être tous conçus de façon manichéenne, les entremêlant dans une série de tableaux successivement épiques, rocambolesques et lyriques. Pourtant. les scènes les plus marquantes de *Drame à Toulon — Henri Martin* représentent toujours les longs moments sombres et douloureux où apparaît clairement à Henri Martin, ainsi qu'à bon nombre d'autres personnages, la nature de la 'sale guerre' dans laquelle la France est embourbée. Certains d'entre eux en souffriront même plus que lui, et cela de manière irrévocable, tels le couple François et Yvonne, ou encore Heimburger, le malheureux rescapé de l'occupation allemande. Les auteurs honorent aussi deux autres personnages historiques, les 'deux officiers de marine, dont le Lieutenant de vaisseau Daumier' qui, lors du procès de Toulon, avaient tenu tête aux pressions du Ministère de la défense et de leurs collègues officiers: l'engagement politique de Claude Martin et Henri Delmas, apparemment si proches du PCF en 1951, n'est peut-être pas aussi dénué de nuance, aussi primaire, que ne le laisse entendre le jugement de Sartre en 1955.

Nous osons croire qu'il en est de même du sens de la création théâtrale dont font preuve Claude Martin et Henri Delmas. *Drame à Toulon — Henri Martin* est une pièce originale et courageuse, dont Claude Martin, professionnellement, devait par la suite faire les frais. C'est une pièce où déborde la passion d'une jeunesse en colère, et qui constitue un étonnant panorama de la vie politique en France à un moment crucial dans l'évolution de la Quatrième République. La déchéance du système colonial français en Indochine est bien engagée; elle est d'autant plus traumatisante qu'elle coïncide avec la montée de la psychose causée par la guerre froide. Pour la gauche progressiste, Henri Martin, 'second-maître mécanicien de la Marine', est le symbole de la fidélité du peuple aux valeurs républicaines pendant cette extraordinaire période. Encore plus extraordinaire, voire unique dans la quête d'un théâtre populaire, est la pièce de Claude Martin et Henri Delmas, bras levé pour la libération du 'marin de la liberté'.

8   L'ETABLISSEMENT DU TEXTE

La version de *Drame à Toulon — Henri Martin* que nous publions est la 'deuxième édition', publiée par le Comité de Défense Henri Martin en

1951. Cette édition est la seule que possèdent l'auteur Henri Delmas, Henri Martin lui-même, ainsi que la bibliothèque marxiste de Paris. Aucun exemplaire d'une 'première' édition imprimée de la pièce ne semble subsister. Cette deuxième version comporte à la dernière page l'annonce par le Récitant de l'affirmation du jugement de Toulon par le tribunal de Brest. Ce verdict fut prononcé le 19 juillet 1951. L'exemplaire de la deuxième édition conservé à la bibliothèque marxiste porte une précieuse indication supplémentaire sur la converture: la *surimpression dactylographiée* 'Dernière édition — 4 Octobre 1951', mais ne contient aucune modification textuelle. Cette deuxième édition de la pièce, tenant compte de l'évolution juridique de 'l'Affaire', a donc dû être imprimée entre le 19 juillet et le 4 octobre 1951, au moment où Henri Martin commence à purger le reste de ses cinq années de réclusion à la prison centrale de Melun.

xxviii   **Drame à Toulon — Henri Martin**

BIBLIOGRAPHIE SOMMAIRE

Antoine, André,   *Mes souvenirs sur le Théâtre Libre*, Fayard, 1921.

Benot, Yves,   *Massacres coloniaux 1944-1950: la IVe république et la mise au pas des colonies françaises*, Éditions la Découverte, 1994.

Bradby, David,   *People's Theatre*, London: Croom Helm, 1978.
& McCormick John,

Copeau, Jacques,   *Le théâtre populaire*, P.U.F., 1941.

Copfermann, Émile,   *Le théâtre populaire, pourquoi?*, François Maspero, 1969.

Dort, Bernard,   *Théâtre Public, 1953-1966*, Seuil, 1967.

Dullin, Charles,   *Ce sont les dieux qu'il nous faut*, Gallimard, 1969.

Elgey, Georgette   *La République des illusions 1945-1951, ou la vie secrète de la IVe République*, Fayard, 1965.

Freeman, Ted,   *Theatres of War: French Committed Theatre from the Second World War to the Cold War*, University of Exeter Press, 1998.

Gémier, Firmin,   *Le Théâtre*, Grasset, 1925.

Gontard, Denis,   *La Décentralisation théâtrale en France 1895-1952*, SEDES, 1973.

Leclerc, Guy,   *Le T.N.P. de Jean Vilar*, Union Générale d'Éditions, 1971.

Martin, Claude,   'Réflexions sur une tournée', *La Nouvelle critique*, 29, septembre-octobre 1951.

Marty, André,   *L'Affaire Marty*, Editions des Deux-Rives, 1955

Parmelin, Hélène,   *Matricule 2078 (L'Affaire Henri Martin)*, Éditeurs Français Réunis, 1953.

Rice-Maximin, Edward,
     Accommodation and Resistance: The French Left, Indochina and the Cold War, 1944-1954, New York: Greenwood Press, 1986.

Rolland, Romain,   *Le Théâtre du Peuple*, Albin Michel, 1913.

Roubine, Jean-Jacques, *Introduction aux grandes théories du Théâtre*, Dunod, 1990.

Ruscio, Alain,   *Les communistes français et la guerre d'Indochine, 1944-54*, L'Harmattan, 1985.

---   'Mémoire: Parti communiste et théâtre militant — *Drame à Toulon*', 'L'Affaire Henri Martin (1949-1953) — Notes d'histoire', *Acteurs*, 3ème trimestre 1988, nos. 61-62-63.

Sartre, Jean-Paul,   *L'Affaire Henri Martin*, Gallimard, 1953.

---   *Un Théâtre de situations*, (éd. Michel Contat et

Michel Rybalka), Gallimard, 1973.

Shipway, Martin, *The Road to War: France and Vietnam, 1944-1947*, Oxford: Berghahn, 1996.

Tanguy, Fanch, *La C.G.T. dans le Finistère 1944-1968: (1, La Bataille commence)*, Brest: Union Départementale CGT du Finistère, 1986.

Tillard, Paul, *Le second-maître mécanicien de la Marine Henri Martin: Ce qu'il a fait pour vous*, Comité de défense Henri Martin, 1951.

Vilar, Jean, *De la tradition théâtrale*, L'Arche, 1955.

--- *Le Théâtre, service public*, Gallimard, 1975.

Whitton, David, *Stage Directors in Modern France*, Manchester University Press, 1987.

Zay, Jean, *Souvenirs et solitude*, Julliard, 1948.

Les tournées des 'Pavés de Paris' en 1951 et 1952.

Légende d'origine: Les COMEDIENS des 'Pavés de Paris', qui jouaient
tout à l'heure sur les planches, les démontent eux-mêmes (*Regards*, numéro
spécial sur Henri Martin, en supplément au numéro 340, 22 février 1952).

Légende d'origine: 'Drame à Toulon' a été joué dans les situations les plus variées. Ici, dans la cour de la maison des syndicats de Brest, devant les ouvriers de l'arsenal pendant qu'à quelques kilomètres de là, se déroulait le second procès (*Regards* 340, 22 février 1952).

Claude Martin dans le rôle principal.

Légende d'origine: Derrière les barreaux du bagne de Melun, Henri Martin, habillé de bure, comme un vulgaire assassin, ne défaille pas. Il sait que le peuple se bat pour arracher sa libération, que des hommes aux opinions les plus diverses, révoltés par l'injustice, interviennent auprès du Président de la République. Henri a confiance dans le peuple. Le peuple qui brisera les barreaux de sa prison (*Regards* 340, 22 février 1952).

DRAME A TOULON — HENRI MARTIN

Pièce en 3 Actes
et 19 Tableaux

Claude Martin et Henri Delmas

PERSONNAGES
dans l'ordre d'entrée en scène

HENRI MARTIN, F.T.P., puis matelot, quartier-maître, enfin second-maître,

LE PRÉSIDENT du Tribunal Maritime de Toulon (magistrat en robe),

LE VIEUX, vieil ouvrier d'une petite ville du Cher,

LE PATRON d'un petit café dans le Cher,

CAPITAINE DANIEL, F.T.P.,

FRANÇOIS, F.T.P., puis matelot à bord du «Chevreuil»,

EMILE,

LA FEMME,

LE GARÇON,

PREMIER ENFANT,

DEUXIÈME ENFANT,

PREMIER F.T.P.,

DEUXIÈME F.T.P.,

YVONNE, femme de François,

BESSON, F.T.P.,

BERTRAND, F.T.P.,

RAYMOND, F.T.P.,

LOUIS, marin à bord du «Chevreuil»

PERRON, marin à bord du «Chevreuil»

ANTOINE, marin à bord du «Chevreuil»

RÉMY, marin à bord du «Chevreuil»

LE COMMANDANT du «Chevreuil»,

LE CHAUFFEUR,

CHERAMY, trafiquant d'Indochine,

X..., trafiquant d'Indochine,

ALBERT, marin à Toulon,

MARIO, ouvrier de l'Arsenal,

MADAME JEANNE, patronne du bar du Port, à Toulon,

PREMIER MATELOT,

DEUXIÈME MATELOT,

TROISIÈME MATELOT,

HEIMBURGER, quartier-maître,

LIEBERT, quartier-maître, provocateur.

Inspecteur BERNOT,

COMMANDANT X..., capitaine de vaisseau,

MICHELINE, une ménagère de Toulon,

MIREILLE, une jeune fille,

RENÉ, jeune garçon,

JOSETTE, petite fille de Toulon,

UN JEUNE,

L'AMÉRICAIN,

L'OUVRIER de Donzère-Mondragon,

LA FEMME,

LE C.R.S.,

LE COMMANDANT LEBLOND, de la Préfecture maritime,

LE CAPITAINE DAUMIER, lieutenant de vaisseau, juge au procès,

LE PLANTON,

PASCALIN,

FLANDRIN,

UN LIEUTENANT DE VAISSEAU, juge qui a voté pour l'acquittement d'Henri Martin

La pièce peut être jouée par 20 acteurs qui doublent ou triplent les rôles.

«Drame à Toulon» a été présentée pour la première fois le 20 juin 1951 à Paris, salle de la Grange-aux-Belles, par la troupe des Pavés de Paris.

ACTE PREMIER

Aux 3 coups, on lève le grand rideau, et on entend en coulisse le
troisième couplet de «Adieu, chers camarades».
Sur scène est dressé un petit théâtre monté sur tréteaux et qui est
5 *fermé par un petit rideau.*
A la fin du refrain, le récitant attaque:

RÉCITANT. — Le mardi 17 octobre 1950, à TOULON, debout
devant ses juges, le second-maître de la marine Henri MARTIN
répond à l'interrogatoire du conseiller Espenant, Président du
10 Tribunal Maritime.

PREMIER TABLEAU[1]

(17 octobre 1950 au Tribunal Maritime de Toulon)

Le petit rideau s'entrebâille, tandis que le noir s'est fait sur
scène. Henri MARTIN est debout, le visage, seul, est éclairé.

15 LE PRÉSIDENT (*invisible*). — Vous avez un passé remarquable. On
ne rassemble sur vous que des éloges. Vous êtes courageux,
intelligent, discipliné. Vous en donnez les preuves. Et puis
soudain vous avez changé d'attitude. Expliquez-moi les raisons
de ce revirement?
20 *Dehors, cris scandés:* «Libérez Martin» *(trois fois). Les cris*
hachés de coups de sifflets de police; puis en dernier, seule et
plus forte, une voix de femme: «Acquittez Henri Martin!»
Henri MARTIN. — Je n'ai pas changé d'attitude. Ce n'est pas moi qui
manque à mes engagements. C'est le Gouvernement.
25 *Dehors cris scandés:* «Libérez Martin!» *(trois fois), de nouveau,*
coups de sifflets.
Henri MARTIN. — J'avais 16 ans quand j'ai commencé à distribuer
des tracts qui appelaient la population de mon village à lutter
contre l'occupant. Après avoir combattu les armes à la main
30 dans les maquis du Cher, j'aurais pu rentrer: je ne l'ai pas fait.

---

1   Ce lever de rideau suivi d'un retour en arrière est emprunté au début de la brochure de Paul
Tillard, *Le second-maître mécanicien de la Marine Henri Martin: Ce qu'il a fait pour vous*,
Comité de défense Henri Martin, 1951. Les premières sections, très courtes, s'intitulent'AU
GRAND SOLEIL DE TOULON ('Debout devant ses juges'; 'A 16 ans, il luttait contre
l'occupant nazi...')' et PARTANT POUR L'INDOCHINE... ('La guerre pour qui?'; 'Une
guerre criminelle contre un peuple libre', etc.). Certains passages, repris textuellement dans
la pièce, sont indiqués au crayon dans l'exemplaire appartenant à Henri Delmas.

La lumière éclairant le visage de Martin s'éteint, tandis que le petit rideau se ferme.

RÉCITANT. — Août 1944...
    En coulisse, attaque joyeuse de «Ma blonde, entends-tu...»
5 ... c'est l'élan irrésistible du peuple de France qui libère son sol de la vermine hitlérienne.[2]

DEUXIEME TABLEAU

(Août 1944 dans une petite ville du Cher)

Sur la fin de «Ma blonde...», le petit rideau s'ouvre.
10 *Sur les tréteaux, éléments représentant la terrasse d'un petit café, tables, chaises; la circulation dans la rue se fera soit devant entre la rampe et les tréteaux de l'avant-scène, soit derrière les tréteaux.*
    Sur les tréteaux sont en ce moment: Capitaine F.T.P.[3] Daniel,
15 *François, un vieux, le patron du café.*
    Ils ont le dos tourné au public et regardent la rue derrière les tréteaux.

LE VIEUX ET LE PATRON. — Vive les F.F.I.[4]! Vive les p'tits gars!
Capitaine DANIEL. — Pierrot, conduis-les, près de l'école, au coin de
20   la place de la République et de la rue des Tanneurs, et fais
        prévenir Leflon et son groupe, de nous rejoindre dès qu'il
        pourra.
FRANÇOIS. — J'y vais!
DANIEL. — Toi, tu vas rester tranquille, tu es blessé.
25 FRANÇOIS. — Une simple égratignure.
DANIEL. — Egratignure ou pas tu vas me faire le plaisir de rester
        ici. Si on a besoin de toi, je te ferai appeler.
LE VIEUX. — Pardon, vous faites bien partie de la Compagnie
        Marat?
30 DANIEL. — Oui, Monsieur.

---

2   Paris est libéré dans la semaine du 18 au 25 août, mais des 'poches' allemandes, telles que
     celle dont il est question dans le tableau suivant ('les 18 000 Allemands encerclés près de
     St-Amand'), résistent encore plusieurs mois.
3   Francs-Tireurs et Partisans Français, branche communiste de la Résistance, dont le chef est
     Charles Tillon.
4   Forces Françaises de l'Intérieur, formées en février 1944, sous le commandement du général
     Koenig, pour réunir les trois principales organisations de lutte armée de la résistance:
     l'Armée secrète, l'Organisation de résistance de l'armée (ORA) et les FTP.

LE VIEUX.— J'aurais voulu avoir des nouvelles d'un petit gars qui a combattu avec vous.

DANIEL. — Comment s'appelle-t-il?

LE VIEUX. — Martin Henri.

5   FRANÇOIS (*riant*). — Henri? (*A Daniel*) il demande si on le connaît!

DANIEL. — Henri Martin est un de nos meilleurs camarades. Il n'est pas là, mais vous pouvez être tranquille, il est en bonne santé; seulement il n'y a pas moyen de l'arrêter; c'est le benjamin de notre Compagnie, il a été de tous les coups durs. Les 18.000

10   Allemands encerclés près de St-Amand[5], il y était et au premier rang!... A tout à l'heure!...

(*Il descend par le fond*)

LE VIEUX. — Où allez-vous?

DANIEL. — Des miliciens qui se sont cachés dans l'école. On va et on

15   revient.

LE VIEUX. — Faites attention tout de même; le jour de la Libération, ce serait trop bête!

DANIEL (*de loin*). — Vous en faites pas, grand-père!

FRANÇOIS. — Daniel, c'est un as, vous pouvez pas savoir. C'est un

20   copain, mais quel chef!

LE VIEUX. — Alors, vous connaissiez bien Henri?

FRANÇOIS. — Avant que les Allemands franchissent la ligne de démarcation, on travaillait déjà ensemble à Lunery. Henri est de Rosières.

25   LE VIEUX. — Oui je sais, je suis un vieil ami de son père.

FRANÇOIS. — A Lunery, il y a un plateau tout au bout de la cité ouvrière, qui domine Rosières. C'est à l'usine, à Lunery, que nous avons distribué nos premiers tracts. Il y a presque 2 ans.

LE VIEUX. — Martin devait être encore en culotte courte! (*François*

30   *rit*). C'est pas tout ça, patron! une bouteille! il s'agit de fêter ça, et de leur donner du cœur au ventre à ces gaillards!

LE PATRON (*à l'intérieur du café*). — Quand un Allemand me demandait du vin, je lui montrais toujours le robinet de la plonge!

35   LE VIEUX. — A ta santé. Buvons à la libération et aux alliés!

LE PATRON. — Qu'est-ce qu'ils prennent, les nazis; les Russes sont dans les faubourgs de Varsovie.

Emile arrive avec un panier de citrons. Entrent aussi un garçon et une femme.

40   EMILE.— Des citrons! des citrons! qui veut des citrons!

LE PATRON. — Non sans blague, des citrons?

---

5   Saint-Amand-Montron, sous-préfecture du Cher.

LE VIEUX. — Des vrais?

EMILE. — Ne vous battez pas, tout le monde en aura!

LA FEMME. — Des vrais citrons d'avant-guerre!

LE PATRON. — J'avais oublié que ça existait!

5   FRANÇOIS. — D'où viennent-ils?

EMILE. — Tout droit de chez Franco!

LA FEMME. — De chez cette canaille!

EMILE. — A la gare, il y avait deux wagons que les nazis n'ont pas
       pu emmener. Et sous les citrons, devinez ce qu'il y avait? des
10   caisses de munitions!

LE GARÇON. — Parbleu, ils les camouflaient! ils avaient peur des
       cheminots!

LA FEMME. — Oh! c'est joliment bon!

LE VIEUX. — Patron! un grog pour mettre une rondelle dedans!

15   *Deux enfants entrent par l'avant-scène en courant.*

1er ENFANT. — Non, je ne veux plus faire l'Allemand!

2e ENFANT. — Je t'ai fait prisonnier, c'est moi qui commande, allez
       avance!

1er ENFANT. — Non!... lâche-moi... je veux faire le F.T.P.!

20   *Les enfants sortent de l'autre côté tandis que le patron surgit de*
      l'intérieur du café.

LE PATRON. — Les enfants, dernières nouvelles de la radio:
       Toulouse est
       libérée, et Bayonne et Arles, et Tarascon. Les nazis sont
25   encerclés à Falaise.
       Cris au loin: «Mort aux traîtres! A mort les assassins!» Tous sur
      la terrasse se sont levés, et dos au public. Deux gars arrivent du fond
      du théâtre, essouflés.

FRANÇOIS. — Qu'est-ce que c'est?

30   1er F.T.P. — C'est un milicien.

2e F.T.P. — On l'a trouvé dans les waters de l'école.

1er F.T.P. — Rémy l'a reconnu, c'est lui qui était dans leur voiture le
       jour où ils sont venus arrêter René.

LE VIEUX. — Ça fait plaisir de les tenir, ces bandits!

35   FRANÇOIS. — Ils auront la chance de passer devant des tribunaux,
       eux, des tribunaux avec de vrais juges. Quand je pense à tout ce
       qu'ils représentent de tortures et d'assassinats. Ils gagnent du
       temps! Mais ils seront châtiés, châtiés légalement au nom du
       peuple qu'ils ont trahi et persécuté!

En coulisse, on entend chanter le couplet du «Chant du Départ»:
«De Bara, de Viala», pendant que les gosses reviennent sur l'avant-
scène.[6]

1er ENFANT. — Tiens, voilà un citron!

5 2e ENFANT. — Qu'est-ce que c'est que ça?

1er ENFANT. — C'est un citron.

2e ENFANT. — Pour quoi faire?

1er ENFANT. — Bah, ça se mange.

2e ENFANT. — J'en ai jamais vu.

10 1er ENFANT. — Goûte-le, tu vas voir, c'est bon!

2e ENFANT (*mord dedans, crache aussitôt*). — Pouah, ça pique la
langue, c'est amer!

1er ENFANT. — Oh... voilà que tu deviens tout jaune!

2e ENFANT. — Ça y est!... J'ai sûrement la jaunisse!... (*rires sur la*
15 *terrasse*)... Oh... si je t'attrape...

Ils disparaissent en courant.

LE VIEUX (*à François*). — Crois-moi, on n'a pas fini de s'en
souvenir de cette journée. Tu respires dans l'air quelque chose
de jeune et de propre. Les gosses découvrent les citrons. C'est le
20 peuple qui est heureux, qui chante et qui rit dans la rue. Les
méchants seront punis et les bons à l'honneur. C'est un vrai
Printemps, cette Libération. Maintenant qu'on y a goûté, il
faudra s'accrocher ferme pour que ça dure!

Yvonne entre de l'autre côté. Elle voit François qui descend le
25 *petit escalier sur l'avant-scène au milieu; elle court et se jette dans ses*
bras.

YVONNE. — François!

François serre Yvonne contre lui et l'embrasse, tandis qu'une
farandole arrive en chantant, s'arrête en voyant le couple, les
30 *regarde franchement; puis ils rient tous et applaudissent. François et*
Yvonne continuent de s'embrasser.

LE VIEUX. — Vrai, il faut être libres, pour s'aimer si fort!

YVONNE (*dégageant sa tête*). — J'ai l'impression que c'est la
première fois que je suis dans tes bras.

35 FRANÇOIS (*sourit*). — C'est la première fois...

La farandole sort en chantant «Ma blonde entends-tu...» tandis
que le petit rideau se ferme.

6 Le *Chant du départ*, poème républicain et patriotique de Marie-Joseph Chénier, avec
musique de Méhul, devint en 1794 l'un des hymnes officiels lors des fêtes révolutionnaires.
De Joseph Bara, ou Barra (1779-1793), *Le Petit Robert II* nous apprend qu'il était 'tambour
dans les troupes républicaines, il tomba dans une embuscade en Vendée et mourut
héroïquement' (p. 172). La même source nous apprend que Joseph Agricol Viala (1780-
1793), 'entré dans la garde nationale, [...] combattit les royalistes sur la Durance et mourut
tué par des coups de baïonnette' (p. 1866).

«Ma blonde...» *continue rideau fermé.*

RÉCITANT. — Henri MARTIN aurait pu rentrer chez lui. Il avait fait
du bon travail pour son pays. Il aurait pu retrouver Rosières et
le plateau de Lunery, où l'attend une jeune fille jolie, toute
5   jeune, et déjà si impatiente de le revoir... là-bas... tout au bout
de la cité ouvrière.

Mais Henri ressemble à son père; à 17 ans il a déjà son
orgueil et sa vertu de vieil ouvrier; il refuse de laisser à d'autres
le soin de finir ce qu'il a entrepris.
10   L'ennemi est encore en France; des Allemands sont
retranchés dans la poche de Royan, armés jusqu'aux dents. Il
faut les jeter à la mer! Voilà la tâche qu'il se donne. Tâche
ingrate et dangereuse car, ignorés presque systématiquement par
l'Etat-Major, lui et ses camarades F.T.P. n'ont guère que leur
15   courage pour se battre.

TROISIEME TABLEAU

(Novembre 1944 dans la poche de Royan)

*Le petit rideau s'ouvre. Intérieur d'une grange, largement
ouverte sur la campagne. On est à Royan. Il fait presque nuit.*
20   *BESSON, FRANÇOIS et EMILE sont dans la grange.*
Un d'eux siffle doucement «Ma blonde entends-tu...».

FRANÇOIS *(assis, il essaie de regarder la plante de son pied nu).*
— Non, mais regarde mes ampoules. Pas de chaussures; on m'a
refilé une paire de sabots. Qu'est-ce que tu veux que je fasse
25   avec ça? Vous autres, vous êtes de la campagne, vous pouvez
marcher avec, mais moi je me tords les chevilles, et j'attrape des
ampoules.
BESSON. — C'est ça, le front de Royan.
EMILE. — Et c'te saleté de temps... il pleut sans arrêt.
30 FRANÇOIS. — Pas d'uniforme, pas de chaussures, des sans-culotte,
voilà ce qu'on est!
BESSON (doucement à Emile). — Regarde François, il pique sa
crise.
FRANÇOIS. — Ah! ils sont beaux les soldats de la République! Enfin
35   quoi! Pour qui ils la prennent la République? C'est pas une
pauvresse... c'est son droit d'être coquette à c'te fille!...

(*tonnant*) et chaussée!!... (*doucement*) surtout chaussée (*il se caresse la plante des pieds*).

EMILE. — Si on avait des armes encore.

BESSON. — Ce que vous êtes exigeants... et puis quoi, on a un canon,
5   faut pas exagérer... on n'en a pas deux, mais on en a un.

EMILE. — Tu peux en parler, c'est le seul canon qu'il y a sur le front!

FRANÇOIS. — Quand on a besoin de lui, il faut lui annoncer par téléphone.

10   BESSON. — Ça, on l'a jamais vu bien longtemps.

EMILE. — Tu veux dire qu'il est pas là depuis 5 minutes, qu'il est déjà reparti; c'est pas un canon, c'est un courant d'air.
Entre Bertrand.

BESSON. — Salut Bertrand!... t'as pas vu le canon?

15   BERTRAND. — Non, mais j'apporte le courrier (*tous 3 bondissent*).

FRANÇOIS. — T'as quelque chose pour moi?

BERTRAND. — Tiens! (*il lui donne une lettre*) Besson! (*il lui donne une carte*).

BESSON. — Merci.

20   EMILE (*déçu*). — Oh! t'as rien pour moi!

BERTRAND. — Pas aujourd'hui.

BESSON (*tout en lisant sa carte*). — T'attends une lettre du percepteur?

EMILE. — Non, de sa fille! Tu fais le malin parce que tu as reçu une
25   lettre.

BESSON (*explosant*). — Ça y est les gars! J'ai un colis en route; qu'est-ce qu'on va se mettre, du saucisson, un fromage et un paquet de cigarettes!
Emile un peu triste ne sait pas trop quoi faire pendant que ses
30 *copains lisent leur lettre. Il s'approche de François.*

EMILE. — Bonnes nouvelles d'Yvonne?

FRANÇOIS. — Ça va... Elle vient de trouver du travail.
Fusillade au loin.

BESSON. — Ça recommence.

35   *Fusillade.*

FRANÇOIS. — C'est notre F.M. qui tire[7]; je le reconnais, on dirait qu'il tousse.
Fusillade.

EMILE. — Si on avait seulement une mitrailleuse.

40   BESSON. — On n'entend plus rien.
Fusillade.

---

7   Fusil-mitrailleur.

FRANÇOIS. — Ça ce sont les Allemands.
Fusillade.
VOIX DEHORS AU LOIN. — Deux brancardiers, vite!
Emile s'en va en courant. Besson et François sur le pas de la
5   *porte rencontrent Raymond qui vient d'arriver essouflé.*
BESSON. — Il y a de la casse?
RAYMOND. — Le Capitaine et Jacques.
FRANÇOIS. — Tués?
RAYMOND. — Jacques a l'épaule démolie, il s'en sortira; mais le
10   capitaine avec une explosive dans le foie...
BESSON. — Comment ça s'est passé?
RAYMOND. — Ils ont attaqué pour reprendre la ferme; on les laisse
      s'avancer, on tire; en pleine bagarre le F.M. qui s'enraye.
BESSON. — Cette vieille seringue de malheur! Quand est-ce qu'on
15   nous donnera des armes?
FRANÇOIS. — 4 copains en trois jours; on s'en souviendra de la
      poche de Royan.
BESSON. — Si on est encore là pour s'en souvenir.
Emile entre.
20   EMILE. — Voilà Martin, il porte le capitaine.
Martin et Raymond déposent le capitaine Daniel sur la paille.
LE CAPITAINE. — Ce n'est rien... le téléphone est coupé: Henri dis à
      François de prévenir les autres compagnies de l'attaque de la
      ferme... qu'il prenne mon casque... si, si, ça le protégera... les
25   gars allez-y, jusqu'au bout, jusqu'à la victoire, Martin... (*il lui
      serre la main*)... pour que le peuple soit libre et heureux... dans
      la paix.
Le petit rideau se ferme.
RÉCITANT. — Janvier 1945. La France presqu'entière est libérée.
30   Mais de l'autre côté de la terre le sort de la guerre est encore
      incertain et les Japonais occupent toujours l'Indochine.
      Le 1er Février 1945, Henri MARTIN s'engage dans la
      Marine pour aller combattre l'occupant japonais. Le 5 octobre,
      il est affecté à l'aviso *Chevreuil* qui appareille pour l'Indochine
35   le 16 du même mois.
Sirène de bateau puis 2e couplet de «Adieu chers camarades...»,
doubler si nécessaire pour le changement mais à bouche fermée.

QUATRIEME TABLEAU

(Décembre 1945 à bord de l'Aviso Chevreuil[8])

Le petit rideau s'ouvre; c'est une partie du pont de l'Aviso
Chevreuil. Trois matelots sont là, dont un seul travaille
5   *vraiment, il brosse le pont.*

FRANÇOIS. — Dis donc, Louis, t'as peur d'user le pont avec ton
     faubert?
LOUIS. — Ça fait combien de temps qu'on a quitté Toulon?
FRANÇOIS. — 45 jours; tu commences à avoir le cafard?
10 LOUIS. — Encore 15 jours avant d'arriver à Saigon.
FRANÇOIS. — Ça doit être une belle ville Saigon.
LOUIS. — Paraît qu'il y a des palaces, des cafés, des maisons de
     jeu... (*un temps, un grand soupir*) des femmes...
PERRON. — T'emballe pas. Tout ça, c'est pas pour toi. Quand tu
15   seras à terre tu auras tout juste le droit de regarder.
LOUIS. — Regarder quoi?
PERRON. — ... des femmes.
LOUIS (*à François*). — Ah... tu vois!
PERRON. — Des belles dames à colliers, qui descendent de belles
20   voitures américaines... longues comme ça...
LOUIS. — Non??
PERRON. — Si!... et puis, quand tu te seras bien frotté les yeux,
     tellement c'était beau à voir... tu auras encore le droit de te
     casser la gueule en buttant dans le noir contre des vietnamiens à
25   4 pattes dans le ruisseau... des femmes, des petits gosses, des
     vieux qui attendent là, depuis des semaines qu'on leur donne à
     bouffer.
LOUIS. — Les hommes, ils ne travaillent pas?
PERRON. — Si. 14 heures par jour pour gagner un bol de riz!
30 LOUIS. — Oh!... ça va... t'es pas drôle... faut toujours que tu sois là
     à empêcher tout le monde de respirer!
PERRON (*éclate de rire*). — Tu l'auras, p'tit Louis, ton palace,
     pleure pas... seulement, tiens, un conseil en attendant... le lit
     qu'on te donnera, tu feras bien de lui mettre les 4 pieds dans le
35   pétrole, rapport aux petites bêtes.
LOUIS. — Hein?
PERRON. — Oui... les scorpions, les serpents...
LOUIS. — Il y a bien des endroits où il n'y en a pas?

---

8   Aviso, 'Petit bâtiment de guerre employé d'abord pour porter des messages, puis comme
       escorteur' (*Le Petit Robert*).

PERRON. — Oui... en France!

Entrent deux matelots qui tirent à pile ou face.

REMY. — Pile c'est toi qui lui demande, face c'est moi!

ANTOINE. — D'accord.

5   FRANÇOIS. — Qu'est-ce que c'est que ça?... une piastre?... Où c'est
que tu l'as eue?

REMY. — C'est le Capitaine de la Colo; celui qui a payé le coup à
Colombo.

ANTOINE. — Il en avait tant que tu voulais.

10 FRANÇOIS. — Un capitaine?... c'est pas le petit gros, à la peau
huileuse?... tu parles, si je me rappelle, il avait toujours l'air de
se frotter contre toi, quand tu le croisais.

LOUIS. — C'est lui qui t'a vendu ça?

REMY. — Puisque je te le dis! Pour 17 balles, il te refilait une
15 piastre[9].

PERRON. — (*qui s'amuse*). — Elle est bonne celle-là. Tu sais
combien ça vaut une piastre? 10 francs. Tu peux me croire, ça
fait 3 fois que je fais la traversée.

REMY (*déçu, doucement*). — Ah... merde... moi qui croyais faire
20 une affaire... (*tous rient*).

FRANÇOIS. — L'affaire... c'est le Capitaine de la Colo qui l'a faite!

LOUIS. — N'empêche qu'en arrivant, il pourra offrir à boire à une
gentille petite, pendant que nous, on se mettra la ceinture.

FRANÇOIS. — Non, mais tu crois que tu vas en vacances?

25 MARTIN (*qui vient d'arriver*). — Et les Japonais, tu crois que c'est
pour les admirer qu'on va en Indochine? C'est pour les mettre à
la porte, comme on a fait chez nous avec les nazis.

FRANÇOIS. — Bien parlé Martin, il y a des gens, faut toujours leur
rafraîchir la mémoire.

30 PERRON. — Dis donc, Martin!

MARTIN. — Quoi?

PERRON. — C'est bien des Japonais que tu viens de parler à l'instant?

MARTIN. — Oui... pourquoi?

PERRON. — ... pour rien.

35   *On fait le noir, et on redonne immédiatement un éclairage
bleu, les matelots sont en place, couchés sur le pont.*

---

9   Les 1 000 piastres s'achetaient 7 000 francs en Indochine et se revendaient 17 000 en
métropole. Ce trafic, qui a duré de 1945 à 1953, a servi à renflouer les caisses de certains
partis politiques... et les comptes en banque de bon nombre d'individus. Il fut dénoncé
comme un scandale surtout par la presse de gauche. Selon *France-Observateur*, le 7 mai
1953, 'il ne s'agit pas de simples fraudes ou de défaillances individuelles, mais d'un système
qui pèse sur toute la vie politique française et qui explique pour une large part la
propagation de la désastreuse guerre d'Indochine' (cité par Geneviève Latour, *Théâtre, reflet
de la IVe République*, Bibliothèque historique de la Ville de Paris, 1995, p. 321).

Un accordéon joue «Eugénie...»: les matelots chantonnent le
premier couplet, puis continuent, bouche fermée.
Le Commandant paraît sur la passerelle.

LE COMMANDANT (*à Martin*). — Martin, vous avez demandé à faire
5   partie d'une compagnie de débarquement?

MARTIN. — Oui, Commandant.

LE COMMANDANT. — Je vous félicite. Mais vous êtes matelot
        mécanicien. Votre place est aux machines.

MARTIN. — Mon devoir est d'être face à l'ennemi pour le
10   combattre.

LE COMMANDANT. — C'est bien... je vous inscrirai sur la liste.

Les matelots ont continué de chanter «Eugénie», bouche
fermée.
Après la sortie du Commandant, ils chantent le deuxième
15   *couplet «Voiles au vent, mon cher amant...»*
On ferme le petit rideau sur la fin du couplet.

RÉCITANT. — Arrivé en Indochine, Henri MARTIN est frappé
        de stupeur; il voit dans les quartiers européens, les officiers
        japonais aux terrasses des cafés, voisinant avec les fonctionnaires
20   français.
        Alors, si ce n'est pas contre les Japonais, contre qui vont être
        employées les forces militaires françaises?
        Le 23 Novembre 1946, en rade d'Haïphong...
Bruit de bombardement avant ouverture du rideau.

25   CINQUIEME TABLEAU

        (23 novembre 1946 en rade d'Haïphong à bord du Chevreuil)

        Le petit rideau s'ouvre sur le même décor que
précédemment: l'Aviso.
        On entend le bruit du canon.
30   *Une lumière d'incendie ira croissant pendant toute la scène.*
Bombardements.

MARTIN. — Bon Dieu, qu'est-ce que c'est?

PERRON. — C'est le *Savorgnan de Brazza.*

FRANÇOIS. — Il tire sur la ville... regarde.

35 MARTIN. — Enfin... c'est impossible, on ne peut pas tirer comme ça
        n'importe où, sans avertissement.

PERRON. — Ils ne tirent pas n'importe où... c'est le quartier
annamite et le quartier chinois qui sont visés.

FRANÇOIS. — Ils étaient un peu court...

Bombardements.

5   ... cette fois ils sont en plein dessus.

LE RADIO (*il passe en courant*). — Le Savorgnan nous avertit de
mettre notre compagnie à terre avec la sienne!

FRANÇOIS. — Eh bien! ça... c'est du sérieux aujourd'hui...
...salut, ma bordée est au canot... (*il sort*).

10   MARTIN. — Les mouchards sont déjà au-dessus d'Haïphong.

PERRON. — On les voit rarement ceux-là... ça m'a l'air d'un coup
soigneusement monté, et qui vient de loin.

MARTIN. — Tiens... regarde... les chars!

Bruits de sirène, un ordre: Compagnie de débarquement à vos
15   postes!

Bombardements.

LOUIS (*arrive en courant*). — Ça y est, c'est la bagarre qui
recommence!

MARTIN. — T'appelles ça la bagarre: taper au hasard sans prévenir,
20   sur des quartiers civils?

LOUIS. — Eh bien quoi? Les viets ont repoussé notre ultimatum.

MARTIN. — Quel ultimatum? Celui de se retirer à 20 km de leur
propre ville? Comment veux-tu qu'ils l'acceptent notre
ultimatum? Tu ne peux quand même pas demander à un pays
25   reconnu libre de retirer ses troupes hors de son propre
territoire, non?... D'ailleurs ça commence à devenir claire: la
bagarre il nous la fallait coûte que coûte; alors on leur pose un
ultimatum impossible; ils sont bien forcés de le refuser[10].

Bombardements.

30   LOUIS. — Regarde, si ça flambe.

PERRON. — Quand je pense aux femmes et aux gosses qui sont là-
dedans... dis donc, Henri, toi qui aimais toujours être au
premier rang de la bagarre... je crois qu'aujourd'hui comme

---

10   Le 20 novembre, trois soldats du corps expéditionnaire, ayant arraisonné une jonque
suspectée de contrebande, sont arrêtés à Haiphong par la police vietnamienne. Des coups de
feu sont échangés; le drame commence. Les ordres reçus par le colonel Dèbes de son
supérieur à Saigon, le général Valluy, sont clairs: 'Le moment est venu de donner une leçon
à ceux qui nous ont traîtreusement attaqués. Par tous les moyens à votre disposition, vous
devez vous rendre maître complètement de Haiphong et amener le gouvernement et l'armée
vietnamienne à résipiscence', cité par A. Ruscio, *Les communistes français et la guerre
d'Indochine 1944-1954* (p. 135). Il s'est passé à peu près quatre heures entre l'envoi de
l'ultimatum et le début du bombardement... pour évacuer une ville comptant environ
170 000 habitants.

poste de combat tu ne dois pas être mécontent d'être aux manches d'incendie?

LOUIS. — Ça, on peut dire, on est aux premières loges!

PERRON (*sèchement*). — Toi, si tu faisais partie de la compagnie de
5   débarquement, tu ferais un peu moins le malin, trouillard; tu changerais de gueule, si les gars d'en face avaient un peu plus d'artillerie pour nous répondre.

LOUIS. — Trouillard? Je n'ai pas peur... je suis contre la guerre.

PERRON. — Alors qu'est-ce que tu fous ici... tu es venu voir du
10   pays?

LOUIS. — Eh bien, quoi, et Martin, demande-lui donc s'il aurait envie de faire partie de la compagnie de débarquement? Lui aussi, il est contre la guerre!

MARTIN (*vivement*). — Toi, je te conseille de bien faire attention à
15   ce que tu dis. C'est vrai que je ne voudrais pas faire partie de la compagnie de débarquement aujourd'hui... je ne suis pas un mouton; je veux savoir sur qui je tire et pourquoi je tire; je suis un homme et un marin, pas un assassin.

LOUIS. — Et alors? c'est ce que je disais!

20   MARTIN. — Tais-toi, je n'ai pas fini; c'est vrai que je suis contre les guerres de rapine et de conquête, mais c'est justement parce que je hais ces guerres d'oppression avec leurs atrocités, que je suis prêt à risquer ma vie pour les combattre, tu saisis?

PERRON (*à Louis*). — Qu'est-ce que tu faisais sous l'occupation?

25   LOUIS. — Moi?... et puis après?... j'ouvrais les portes des bagnoles, avenue des Champs-Elysées.

MARTIN. — Pendant que les gars se faisaient tuer dans les maquis.

PERRON. — Allez, ferme-la, tu me dégoûtes. Tu t'es engagé dans la marine pour jouer au dur, histoire de te permettre ici des choses
30   que t'aurais honte de faire chez toi.

Bombardements.

LOUIS. — Qu'est-ce que vous croyez tous les deux! Moi aussi je suis venu me battre pour la France! Eh bien... les Vietnamiens je trouve que ce sont tous des salauds. La première fois que j'étais
35   à Saigon, je suis tombé dans une embuscade avec des copains; on ne leur avait pourtant rien fait, on se baladait; ils nous ont tiré dessus.

PERRON. — Tu ne peux pas faire marcher un peu ta cervelle, mouton. Toi, tu ne leur avais rien fait, mais ceux qui ont fait des
40   expéditions dans les villages, tu n'en as peut-être jamais entendu parler? Ils se baladaient peut-être, eux aussi? Les femmes violées, éventrées, les gosses dans les flammes? Et ceux qui descendaient de village en village pour rafler le poivre de la

population et qui abattaient tous ceux qui refusaient d'être volés, ils se baladaient eux aussi?

LOUIS. — Oh, si tu écoutes tout ce qu'on te raconte.

MARTIN (*durement*). — Et ça!... c'est des bobards?... c'est devant tes
5   yeux.
Bombardements plus intenses et lueur d'incendie au maximum.

LOUIS. — Tu as peut-être raison... Alors?

MARTIN. — Alors?... Nous avons attaqué un pays qui venait d'être
reconnu libre; nous l'avons attaqué sans avertissement. Nous
10   avons mitraillé et bombardé sa population civile... C'est une
guerre qui commence... une sale guerre.[11]
*Le petit rideau se ferme, tandis que les bombardements
reprennent jusqu'à enchaînement avec le récitant.*

RÉCITANT. — Le bombardement d'Haïphong coûta la vie à
15   6.000
Vietnamiens, hommes, femmes, enfants. Les dégâts furent
considérables.
Le commandement français avait ouvert les hostilités.
La guerre s'étendit à l'ensemble du pays.

20   SIXIEME TABLEAU

(Février 1947 à bord du Chevreuil)

*Le petit rideau s'ouvre sur le même décor. Matelots accoudés au
bastingage.*

1er VOIX (en coulisse). — Trois jonques à bâbord devant!
25   2e VOIX (en coulisse). — Trois jonques à bâbord devant!
LE COMMANDANT. — Laissez passer!
2e VOIX (*en coulisse*). — Laissez passer!
LOUIS. — Ils n'ont pas peur de les charger, leurs barques.
Regarde-moi ça, ils ont l'air de marcher sur l'eau.
30   REMY. — Qu'est-ce qu'ils vont s'envoyer comme riz à Hanoï.
MARTIN. — Tu crois ça. Dans le quartier annamite, ils crèvent de
faim. Avec tous leurs gosses, cela n'en fera pas beaucoup pour
chacun.
REMY. — Qu'est-ce qu'on voit sur la côte, là devant nous?

---

11   Premier emploi dans la pièce du terme de désapprobation considéré (à tort, *stricto sensu*, selon Ruscio) comme une invention communiste, cf. Introduction, 'INDOCHINE: "LA SALE GUERRE"'.

François regarde à la jumelle.

FRANÇOIS. — Des maisons et des paillotes incendiées. Ça devait être un village de pêcheurs. On ne voit pas un chat.

LOUIS. — Et là, à droite?

5 FRANÇOIS. — Deux pans de murs noircis. C'était une maison plus riche, celle-là. Jusqu'aux arbres qu'ils ont brûlés.

MARTIN. — Quand je rentrerai à la maison, on me demandera ce que j'ai fait, ce que j'ai vu ici.

REMY. — Et tu leur diras?

10 MARTIN. — Oui. On n'a rien le droit de cacher, on est responsable. Dire que l'on pourrait croire que j'ai gagné mes galons dans cette sale guerre.

LOUIS. — C'est vrai que tu viens d'être nommé quartier-maître. Et tu ne nous as pas encore payé le coup?

15 REMY. — Les gars, Martin paie le coup.

Des matelots apparaissent.

MARTIN. — D'accord, d'accord, ce soir, tournée générale.

LES MATELOTS. — Vive Martin!

On entend des avions.

20 LOUIS. — Tiens, les chasseurs.

REMY. — A quelle hauteur tu crois qu'ils sont?

FRANÇOIS. — Neuf cent mètres.

ROLAND. — Qu'est-ce qu'il a à tourner comme ça celui-là?

LOUIS. — Je parie qu'il a mal au cœur.

25 FRANÇOIS. — Il se met à piquer du nez.

REMY. — Sans blague, il va tomber au jus.

ROLAND. — Faudrait peut-être y aller.

Bruit de mitrailleuse.

LE COMMANDANT. — Ils tirent sur les jonques!

30 MARTIN. — Ils sont fous, c'est insensé!

REMY. — Regarde, il y en a une qui va couler.

PERRON. — Ils veulent les faire crever de faim à Hanoï!

Bruit de mitrailleuse.

REMY. — Et celui-là, il est redescendu, il mitraille les malheureux

35 qui essaient de se sauver à la nage.

LOUIS. — Quelle ordure!

ROLAND. — On ne peut pas laisser faire ça!

FRANÇOIS. — Une deuxième jonque de touchée.

Bruit d'avions.

40 LOUIS. — Ils se sauvent maintenant.

MARTIN. — C'est pas possible, dire que c'est des Français qui font ça...

REMY. — La troisième jonque file à la dérive.

LE COMMANDANT. — Arrière, toute!... doucement...
    Un temps...
MARTIN. — Regardez, debout à l'avant, un Vietnamien.
FRANÇOIS. — Il tient dans ses bras un enfant... déchiqueté par les
5   balles.
MARTIN. — Ça devait être son fils.
LE COMMANDANT. — Ah, les salauds!
    Le petit rideau se ferme.
    On entend des chants vietnamiens.
10

RECITANT. — Quelque part au Vietnam, dans la région de Tran
    Vinh.
    Les chants continuent.

SEPTIEME TABLEAU

15   *(2 août 1947 dans la région de Tran Vinh)*

Le petit rideau reste fermé. On entend les chants vietnamiens.
Entrent sur l'avant-scène Martin et François.

FRANÇOIS. — Henri?
MARTIN. — Oui
20 FRANÇOIS. — Nos demandes de résiliation ont été rejetées; j'ai
    l'impression que je n'arriverai jamais à m'en aller d'ici.
    Martin ne répond pas.
FRANÇOIS. — Tu te rappelles la Libération?
MARTIN. — Oui.
25 FRANÇOIS. — Ça faisait trois semaines que nous étions séparés,
    Yvonne et moi; quand elle s'est jetée dans mes bras, vous étiez
    tous autour de nous, vous avez applaudi... j'entendrai toujours le
    bruit de vos applaudissements et de vos rires pendant que
    j'embrassais Yvonne... Tu crois que nous retrouverons, un jour,
30   un matin comme celui-là?
MARTIN. — Oui, et c'est bien pour cela que nous sommes repartis et
    c'est bien pour cela, François, que tu as de nouveau quitté
    Yvonne.
FRANÇOIS. — Nous nous sommes trompés, Henri, nous n'aurions
35   jamais dû venir ici.
    Passe un missionnaire, escorté d'un soldat armé. Le
    missionnaire jette un regard sur les deux marins, il est poussé en
    avant par le soldat.

MARTIN. — Le missionnaire de Canthô... tu sais ce qui lui est arrivé? Il a pris à partie l'aumônier des parachutistes, l'aumônier qui achève les blessés vietnamiens... Il a aussi eu le courage de s'élever contre l'existence des chambres de tortures à
5 Hanoï, dans les services de la Sécurité Air... aujourd'hui... voilà... on le surveille!...
Martin prend François par les deux épaules.

Ecoute-moi bien, François, tu n'as pas le droit de dire que nous nous sommes trompés en venant aider les Vietnamiens à
10 chasser les Japonais. On nous a trompés, ce n'est pas pareil, et ceux qui nous ont trompés, François, ce sont justement ceux-là qui bâillonnent la vérité d'où qu'elle sorte, en l'enfermant dans les prisons.

Viens, dépêchons-nous, il faut que nous soyons rentrés avant
15 la nuit.

HUITIEME TABLEAU

(2 août 1947 dans un cimetière de la région de Tran Vinh)

Dès que Martin et François sont sortis, le petit rideau s'est ouvert lentement tandis que les chants vietnamiens continuent.
20 *Le décor représente un terrain désolé, c'est un cimetière ravagé. Un Vietnamien arrange une croix cassée au fond du décor. On entend un bruit de voiture, des portes qui claquent et des jurons.*
Les chants s'arrêtent net.
25 *Le Vietnamien sort de l'autre côté.*
Le ton du dialogue en coulisse est très haché, grossier; il jure avec l'atmosphère précédente.
Beuglement du crapeau buffle.
En coulisse.

30 X... — Oui ou non, avez-vous reçu l'ordre de nous conduire directement? Pourquoi cet arrêt?
LE CHAUFFEUR. — Non, mais vous croyez que ça m'amuse?
X... — Ça fait une heure que vous tournez en rond, vous ne connaissez même pas votre chemin.
35 *Entrent X..., Cheramy, le chauffeur Blanchard.*
LE CHAUFFEUR. — Ah, et puis j'en ai marre; si vous n'êtes pas contents allez à pied, vous r) râlez tout le temps; là c'est les moustiques, là c'est la route qu'est cabossée; et bien maintenant

c'est le moteur qui tombe en panne, qu'est-ce que vous voulez
que j'y fasse!

CHERAMY (*coup d'œil à X... pour le calmer, puis s'adressant au
chauffeur*). — Allons, allons, ne vous énervez pas.

5   X... — Ne prenez pas trop à cœur ce que je vous ai dit... seulement
la nuit va tomber, il serait plus prudent de rentrer.

LE CHAUFFEUR. — Rentrer, rentrer, c'est facile à dire! saloperie!
va falloir réparer dans ce bled. (*Il sort*).

CHERAMY. — Allez-y doucement, il est capable de nous laisser en
10   plan.

X.. — (*très énervé*). — Oui, je sais, je sais... ménager, il y a
toujours quelqu'un à ménager.

CHERAMY. — Ça va encore nous retarder, il ne manquait plus que
ça; c'est vraiment très ennuyeux.

15   X... (*sursaute*). — Ma parole, c'est un cimetière! Cet imbécile nous
arrête dans un cimetière!

CHERAMY (*regardant autour de lui*). — Tiens c'est vrai! c'est tout
juste si on peut encore voir que c'est un cimetière, mais c'en est
bien un. On jurerait qu'un troupeau d'éléphants a dansé dessus
20   toute la nuit.

X... — Si c'était un mauvais signe?

CHERAMY. — Ah non, ne parlez pas de malheur, on pourrait nous
tuer ici, personne n'en saurait jamais rien.

X... (*appelant*). — Il y a quelqu'un?

25   CHERAMY. — Vous êtes fou d'appeler?
Beuglement du crapaud buffle.

X... (*hurle comme s'il appelait au secours*) — Blanchard, vous êtes
là?

CHERAMY. — Allons, calmez-vous... vous m'étonnez, vous en avez
30   pourtant vu d'autres dans votre vie.

X... — Blanchard! c'est réparé?

LE CHAUFFEUR (*en coulisse*). — Non!

X... — Dépêchez-vous, nous n'avons pas envie de passer la nuit ici!

LE CHAUFFEUR. — Moi non plus; si vous croyez que c'est facile
35   avec une clef à molette et un tournevis, venez prendre ma place!

CHERAMY (*aimable*). — Vous en faites pas Blanchard! ça ira très
bien, prenez votre temps!

X... (*de plus en plus énervé, comme pour lui*). — L'imbécile,
l'imbécile, il faudra toujours que je sois à la merci d'un
40   imbécile!

CHERAMY. — Tenez, asseyons nous.

X... — Merci, je suis mieux debout... excusez-moi, j'ai les nerfs à
vif, le pays ne me réussit pas.

CHERAMY (*glousse gentiment*). — Ça dépend à quel point de vue! Allez, ne dites pas de mal de ce pays, il ne vous rapporte pas que des crises de foie!

CHERAMY. — ... sérieusement, est-ce que vous croyez que nous
5 arriverons à temps pour traiter l'affaire?

X... — Comment voulez-vous que je le sache? Avec cette jeep de malheur! 50 tonnes de riz, c'est pourtant pas lourd. ça risque encore une fois de me passer sous le nez!

CHERAMY. — 800.000 francs, ce n'est pas à dédaigner.

10 X... — Quand je pense à Franchini, ce crétin, qui vient de fêter son premier milliard!

CHERAMY. — Qu'est-ce que vous voulez, à Saigon il est bien placé: l'Hôtel Continental, les maisons de jeu, les fumeries: mon cher, dans la vie il faut savoir se contenter de peu; et puis, quand
15 même, avec les Américains vous n'avez pas à vous plaindre, c'est du travail en profondeur!

X... — Et après? Revers, il travaille aussi pour eux; ça ne l'empêche pas de faire une carrière dans l'armée.[12]

CHERAMY. — Mais mon cher, vous avez la légion d'Honneur.

20 X... (*ricane*). — Oh pour ça oui, et même l'assurance de recevoir la rosette; les rubans ça ne leur coûte rien. Non, mais ça va chager, ce serait quand même trop facile! les petits amis se sucrent pendant que je fais tout le boulot.

Beuglement du crapaud buffle.

25 X... — Ah! je ne peux pas supporter ce cri!... Blanchard, est-ce que vous...

LE CHAUFFEUR (*en coulisse, coupant*). — NON!!!

X... (*hausse les épaules et se retourne vers Cheramy*). — Enfin, quoi, vous vous rendez compte, m'échiner pour gagner 800.000
30 francs quand grâce à moi, le transfert des piastres fait rentrer des milliards, vous entendez, je dis bien des milliards, dans les coffres de la banque d'Indochine.

CHERAMY (*rêveur*). — Cette guerre est une mine d'or.

X... (*poursuit son idée*). — J'enrage de ne pas m'être servi plus tôt.
35 Oui, j'ai tiré les ficelles, mais pendant que Revers jouait les stratèges en remplissant ses poches, que Mast était bombardé Haut-Commissaire[13], et que les ministres et les parlementaires

---

12 Général Georges Revers, chef de l'État-major des forces armées, auteur en 1949 d'un rapport sur l'Indochine très compromettant pour ses associés politiques socialistes. La partie politique de son rapport ayant été divulguée à Paris dans des circonstances mystérieuses, Revers sera déchargé de ses fonctions en décembre 1949, et mis à la retraite en juin 1950.

13 Général Charles Mast, directeur de l'Institut des Hautes Études de la Défense nationale, ami de Revers et associé avec lui dans ce qui deviendra dès janvier 1950 'l'affaire des généraux'.

bien pensants touchaient régulièrement leurs primes, moi je suis resté dans l'ombre.

CHERAMY. — Il n'y a rien de perdu.

X... — Si la guerre continue encore longtemps.

5 CHERAMY. — Ne plaisantez pas... Avec vos amis américains, vous êtes bien placé pour la faire durer... oh!... Blanchard? mon ami?... c'est bientôt fini?

LE CHAUFFEUR. — Non!!!

CHERAMY (*très troublé*). — C'est terrible, nous n'arriverons jamais
10 à l'heure fixée... (*un temps... il s'approche de X...*)... et ma com-mission?

X... — Quoi, ma commission?... eh bien, elle saute, mon vieux, faut pas exagérer, on est copains... jusqu'au porte-monnaie.

CHERAMY. — Vous me l'aviez promis!

15 X... — Vous êtes un peu jeune dans le métier.

CHERAMY (*qui est tout près de X... l'attrape aux revers du veston et parle à voix couverte, entre ses dents*). — Et si je te laissais moisir dans le cimetière, personne n'en saurait rien, on croirait que c'est les viets, ça ne serait pas la première fois!

20 X... (*sans se dégager, il a retrouvé son sang-froid de gangster professionnel*). — Imbécile, on sait que je suis parti avec toi, tu serais liquidé en un rien de temps.

CHERAMY. — Salaud.

X... — Le «Secret américain» a encore besoin de moi.

25 CHERAMY. — Vendu... vendu jusqu'aux tripes.

X... — Fais attention à ce que tu dis.

CHERAMY. — Ordure.

LE CHAUFFEUR (*en coulisse*). — Allez en route! (*arrive sur scène*). Va falloir foncer si on veut arriver avant la nuit! (*il regarde
30 curieusement les deux hommes qui sont restés tout près, face à face.*)

X... (*se reprenant le premier*). — Alors... c'est réparé?

LE CHAUFFEUR. — Eh bien oui, quoi?... c'est réparé!

CHERAMY (*parle faux*). — Blanchard, vous êtes un as...

35 X... — Allez mon vieux, en voiture.

CHERAMY. — Je vous en prie.

X... — Non, non, allez-y!

LE CHAUFFEUR (*de coulisse*). — Alors, ça va durer longtemps!

CHERAMY (*s'effaçant*). — Je n'en ferai rien, à vous l'honneur,
40 Monsieur Peyré![14]

---

14 Roger Peyré, 'aventurier de seconde zone, homme d'affaires aux ressources mal définies... trafiquant de bas étage... poursuivi pour ses activités sous l'occupation', (Georgette Elgey, *La République des illusions 1945-1951, ou la vie secrète de la IVe République*, Fayard,

Ils sortent.
Beuglements du crapaud buffle.
Les chants vietnamiens ont repris.
Martin et François entrent dans le cimetière.
5   FRANÇOIS. — Tu crois que c'est... ça?
MARTIN. — Oui, c'est «ça»... (*ils se découvrent*)... «ça»... 450
tombes de soldats français, éventrés par les chars français...
voilà où ils en sont ... on dit muet comme une tombe... pas celles
du Vietnam: la première fois, 300, la dernière, 450...
10 aujourd'hui ils font effacer l'addition par leurs tanks.
On ferme le grand rideau.

FIN DU PREMIER ACTE.

1965, 474-5, 477). Peyré n'en est pas moins aussi à cette époque 'le confident des
responsables de l'armée française' (Elgey, 474), et l'ami intime, notamment, du général
Revers. Peyré est l'intermédiaire entre certains Français et les partisans vietnamiens de Bao
Daï, tels que Nguyen Van Co, dans une campagne secrète, montée dès 1948, pour la
nomination de Mast comme Haut Commissaire en Indochine. En situant ces
rocambolesques déboires de 'Monsieur Peyré', avec les allusions à Revers et Mast, en août
1947, les auteurs commettent un anachronisme pour les besoins de la satire.

ACTE DEUXIEME

On ouvre le grand rideau, aux trois coups.
En coulisse: «Eugénie, à mon retour...»

RÉCITANT. — Le quartier maître Henri MARTIN est rapatrié en
5   France le 11 Décembre 1947.
Que va faire Henri MARTIN?
Nous sommes à Toulon, à l'Arsenal.

PREMIER TABLEAU

(Juillet 1949 à l'Arsenal de Toulon)

10   *Le petit rideau est fermé. Deux ouvriers et un marin entrent en*
bavardant. L'un d'entre eux ramasse sur les marches de
l'escalier un papier. Il commence à le lire tout bas, puis il arrête
les autres.

EMILE. — (*Il appelle ses camarades*). Oh!... Ecoutez-ça.
15   *Les matelots entourent Emile.*
ALBERT. — Qu'est-ce que c'est?
EMILE (*lit tout haut*). — «Un groupe de marins s'adresse à Monsieur
le Préfet Maritime: Vous venez de signer l'ordre interdisant le
«Petit Varois» dans nos unités.[15] Pourquoi? puisque les vérités
20   que vous nous interdisez de lire par exemple sur la guerre du
Vietnam, nous les entendons tous les jours dans les cafés du
port, et que ce sont les acteurs de cette tragédie eux-mêmes qui
les racontent. Oseriez-vous les traiter de menteurs, ceux-là?
Non, car ce qu'ils racontent, ils l'ont vécu.»
25   MARIO. — C'est pas possible, ils ont écrit ça!... donne... (*il prend le*
tract des mains d'Emile, et continue la lecture) ...«Nous qui
avons été là-bas, nous savons que le «Petit Varois» ne ment pas.
Seulement, il n'est pas bon à vos yeux que ceux qui ne sont
jamais allés en Indochine apprennent ce qui s'y passe. Le
30   nombre des volontaires a trop diminué, n'est-ce pas, pour
tolérer la vérité plus longtemps; alors vous interdisez le «Petit
Varois». Mais alors, sommes-nous une armée de mercenaires,
une armée de gardes-chiourme, ou bien l'armée de la
République?». Ah, si ça fait du bien d'entendre ça!

---

15   *Le Petit Varois*, hebdomadaire PCF de la Fédération du Var, diffusé discrètement en 1949
dans l'Arsenal de Toulon (avec *L'Humanité*) par Henri Martin.

EMILE. — Ils vont en faire une gueule là-haut!

ALBERT. — Qu'est-ce qui a pu écrire ça?

EMILE. — Des gars qui ont vu de drôles de choses, tu peux être tranquille.

5   MARIO (*extasié*). — Tout de même, en plein Arsenal!... le copain qui a déposé ça...

EMILE. — Il s'était peut-être fait la main pendant l'occupation... ça coûtait cher à l'époque.

MARIO. — Si le gars était pris aujourd'hui, ça serait pas bon marché

10 non plus, je te le dis!

ALBERT. — Faut pas exagérer, c'est pas pareil.

MARIO. — Va toujours, mon pitchounet, essaie de dire aujourd'hui à un flic que t'as joué les robinsons dans les maquis contre les vilains Allemands...

15 EMILE. — Mario a raison. Les vendus, les collabos, les pourris, tout ça, ça sort de taule sans compter ceux qui n'y ont jamais foutu les pieds; sans compter les généraux nazis, et qui réclament des armes, et à qui on en donne.

ALBERT. — C'est vrai, je suis d'accord; ce qui se passe avec les

20 collaborateurs, c'est dégoûtant; mais il faut toujours que tu exagères. Le réarmement allemand, ça, c'est pas vrai! Ils l'ont tous dit à l'Assemblée: aucun député, tu entends, *aucun* député n'en veut et n'en voudra jamais... c'est évident!

EMILE. — Tu as raison, petit, ils l'ont tous dit et bien dit qu'ils n'en

25 voulaient pas... eh bien, mon petit gars, on est en juillet 1949; dans un an, si tu es régulier, tu viendras me trouver et on verra ensemble ceux qui continuent à être contre.

MARIO. — C'est ça, mon gars; note bien ce rendez-vous sur ton carnet... mais rapport à ce papier, ça fait plaisir quand même de

30 savoir qu'y a des copains qui ont le culot de dire tout haut ce qu'on a tous sur le cœur.

Les trois sont sortis.

Chant en coulisse: «Et vous jeunes fillettes qui avez des amants,
Bourlinguant sur les mers à bord de bâtiments,

35 Ah! soyez-leur fidèles, gardez bien votre cœur
A ces marins modèles qui ont tant de malheurs!
Qui ont tant de malheurs!»
Yvonne passe pendant le chant: Elle déplie un journal, jette un coup d'œil et s'en va doucement.

DEUXIEME TABLEAU

(Juillet 1949 dans un petit café du Port de Toulon)

Dans un bar à Toulon. La patronne au comptoir; elle s'appelle Jeanne. Mario, ouvrier de l'Arsenal, Perron et Louis, toujours
5   *en matelot.*

JEANNE. — Non, ce n'est pas possible.

LOUIS. — Vous pouvez me croire, Madame Jeanne, j'avais installé un mannequin dans la guitoune, et puis, ni vu ni connu je suis allé rejoindre les copains!

10   JEANNE. — Oh quand même! moi j'aurais jamais osé faire ça!... et vous Monsieur Mario?

MARIO. — Vous me faites rire, Madame Jeanne, tout ça c'est des enfantillages! Quand j'étais dans la marine... tenez... un jour... plus un matelot à bord... c'est le capitaine d'armes qui a monté
15   la garde!... *(tous rient).*

PERRON *(à Louis)*. — Tu te rappelles Muselli, à Saigon?

LOUIS. — Assez avec Saigon, je ne veux plus en entendre parler.

PERRON *(après un silence)*. — Ça, on peut dire qu'on a de beaux souvenirs, dans le genre récits de voyages!

20   LOUIS. — Dès qu'on est ensemble, il faut qu'on en reparle!

MARIO. — Allez, à votre santé! Ici vous êtes à Toulon, la capitale du soleil et des belles filles!

JEANNE. — Si vous l'écoutez, il vous dira que c'est la plus belle ville du monde!

25   MARIO. — Certainement Madame Jeanne, et personne peut dire le contraire!

Entre Yvonne.

JEANNE. — Bonjour Yvonne.

YVONNE. — Bonjour Madame Jeanne.

30   MARIO. — Bonjour Yvonne.

YVONNE. — Bonjour Mario... Monsieur Martin n'est pas arrivé?

JEANNE. — Non, mais il ne va sûrement pas tarder.

PERRON. — Il ne manquerait plus que ça... il a déjà mis assez de temps à les arroser ses galons!

35   LOUIS. — Second-Maître depuis dimanche, c'est un bel avancement.

PERRON. — Il le mérite... et c'est pas souvent que je dis ça!

MARIO *(à Yvonne)*. — Vous êtes allée voir à l'usine?

YVONNE. — Oui, je pourrai commencer à travailler la semaine prochaine.

40   MARIO. — Ce sera dur.

YVONNE. — J'ai l'habitude... et puis j'en ai besoin... (*elle va à la porte*).

JEANNE (*aux matelots*). — Son mari est là-bas. Ça fait trois mois qu'il n'a pas écrit...

5   *Yvonne revient.*

PERRON (*à Yvonne*). — Vous croyez que Martin saura quelque chose?

YVONNE. — J'ai confiance en lui; il m'a dit qu'il essaierait de se renseigner.

10   *Yvonne va jusqu'à la porte un peu nerveusement. Tous la suivent des yeux.*
       Elle attend à la porte et se retourne brusquement.
       Elle voit les autres la regarder...

YVONNE. — Il ne faut pas faire attention... c'est effrayant de rester
15   sans nouvelles.
       Elle va s'asseoir.

PERRON. — Où était-il la dernière fois qu'il vous a écrit?

YVONNE. — A l'hôpital de Canthô. Avant il était à Bentré...

LOUIS. — Bentré?... Tu te souviens... c'est pas un endroit marrant.

20   PERRON. — C'était peut-être pas si mal avant qu'on y vienne!

LOUIS. — Oui, mais nous quand on arrivait... j'avais dit que je n'en parlerais plus.

YVONNE. — Pourquoi vous ne voulez pas en parler?... je me demande si mon mari a ce regard que vous avez.

25   JEANNE. — Quand on leur parle de l'Indochine, on dirait qu'ils voient des fantômes.

PERRON. — Ce ne sont pas des fantômes... ce sont des souvenirs... c'est pire!

YVONNE. — Alors!... qu'est-ce que vous allez en faire de vos
30   souvenirs, si vous ne voulez pas en parler?... les oublier?

LOUIS. — Ça vaudrait mieux.

PERRON. — Ne dis pas ça!

YVONNE. — Votre camarade a raison, vaut mieux pas dire ça, parce qu'on pourrait vous demander des comptes!

35   MARIO. — Yvonne!

LOUIS. — Enfin, qu'est-ce que vous croyez, je n'y suis pour rien, si cette guerre du Vietnam c'est une ordure!

YVONNE. — Si c'est une ordure, et que vous n'y êtes pour rien, pourquoi vous n'en parlez pas?

40   LOUIS. — Enfin!... vous ne pouvez pas savoir ce que c'est!... c'est ignoble; on va quand même pas crier ça sur les toits... surtout pas à vous!

YVONNE. — Pourquoi?... Qui pensez-vous ménager?... Moi?...
allons donc... c'est vous que vous ménagez en vous taisant!

JEANNE. — Yvonne... vous ne pouvez pas dire ça... c'est vrai qu'ils
ne veulent pas vous faire de peine.

5   YVONNE. — Je vous aime beaucoup, Madame Jeanne... mais je ne
demande rien... à personne... vous êtes très gentils, mais je n'ai
pas envie de vous ménager... mon mari, est-ce qu'on le
ménage... et vos camarades qui sont là-bas, est-ce qu'on fait du
sentiment avec eux? Vous, vous êtes rentrés, mais eux, qu'est-ce
10 que vous en faites maintenant? Ils font peut-être partie des
souvenirs à oublier?

LOUIS. — Madame Yvonne, ce n'est pas bien ce que vous dites là.
J'y pense toujours aux copains... Qu'est-ce que vous voulez que
j'y fasse, s'il y a des canailles qui font durer cette guerre pour se
15 remplir les poches; ce n'est quand même pas nous. Six francs
par jour qu'on touchait!

YVONNE. — Si une canaille me jetait à l'eau, est-ce que vous
resteriez les bras croisés, sous prétexte que vous n'y êtes pour
rien?

20 LOUIS. — Evidemment; mais la guerre? Qu'est-ce que vous voulez
qu'on y fasse pour arrêter la guerre?

YVONNE. — Madame Jeanne, dites-leur donc ce qu'elle nous a
raconté la petite qui travaille à la manufacture, la sœur de la
femme d'un docker, à la Rochelle. Ils ont refusé de charger du
25 matériel de guerre pour le Vietnam. Ils ont tous cessé le
travail... plus de paye... vous savez ce que ça veut dire? pour les
nouveaux-nés des biberons d'eau de pommes de terre; pourtant
ils les aiment leurs gosses, les dockers, et ils n'ont pas été en
Indochine?

30 LOUIS. — On en sort... on a besoin d'un peu de bonheur.

YVONNE. — Personne n'a plus besoin de bonheur que moi; nous
étions fiancés mon mari et moi quand les nazis sont arrivés chez
nous; nous nous sommes battus de toutes nos forces pour les
chasser. Il ne faudrait pas croire que c'est pour le plaisir qu'on
35 risquait notre vie! On ne pouvait pas faire autrement! Il n'y a
pas de bonheur possible quand on se sent lâche!
Et j'ai envie de vivre heureuse avec mon mari, c'est
simplement!... alors pourquoi me l'a-t-on pris? C'est pas son
pays le Vietnam? Qu'est-ce qu'on lui fait faire au Vietnam?
40 Hein?... dites-le...

JEANNE. — Allons, Yvonne, il ne faut pas vous mettre dans cet état
là... venez...

(*Elle prend Yvonne par les épaules et l'entraîne à l'intérieur*).

Silence.

LOUIS. — Elle a raison... c'est elle qui a raison.

MARIO. — Bonne leçon les gars... j'en ai pris aussi pour mon grade.

PERRON (*souriant*). — Hé, Louis!... faut pas te frapper, mon vieux...
va falloir se réveiller, c'est tout... on ne devait pas être très jolis
à voir quand elle nous a dit nos quatre vérités. (*à Mario*):
Comment s'appelle-t-il son mari?

Entre Henri Martin.

Salut Martin... tu tombes à pic... on vient de se faire dire deux
mots par une amie à toi.

MARIO. — C'est Yvonne; elle est folle d'inquiétude; tu n'as pas de
nouvelles?

MARTIN. — Yvonne est là?

Jeanne revient.

MARIO (*à Jeanne*). — Comment va-t-elle?

JEANNE. — Ça va... (*à Martin*): Vous n'avez pas de nouvelles?

MARTIN. — Si... son mari est mort... (*silence*).

MARIO. — Comment le sais-tu?

MARTIN. — Un copain qui vient de rentrer... (*à Perron et Louis*)...
son mari, c'était François.

LOUIS. — François?

PERRON. — François... du Chevreuil?

MARTIN. — Oui.

JEANNE. — Ils s'aimaient tant!... je n'oserai jamais lui dire.

MARTIN. — Il ne faut pas le dire... il faut le crier!

*Le noir s'est fait et le petit rideau se ferme sur la dernière
réplique de Martin.*

La lumière est redonnée sur l'avant-scène.

LE RÉCITANT. — Ecoutez le texte authentique des tracts lancés
par Henri Martin.

TROISIEME TABLEAU

(Fin 1949 à l'Arsenal)

1er MATELOT (*entre en lisant*). — «C'est pour vos millions que vous
sacrifiez nos vingt ans!

...Nous voyons plus clairement que jamais pour quels infâmes
trafics on nous envoie mourir au Vietnam. Et vous avez le culot
de nous parler de patrimoine national!

... tout le monde voit ce qui se cache derrière vos grandes paroles.

Le véritable honneur pour l'armée de la République, c'est de ne pas se salir plus longtemps en luttant contre la liberté du peuple vietnamien...»

5 *Le matelot sort sur ces derniers mots. Un autre matelot apparaît et enchaîne sur les derniers mots.*

2ᵉ MATELOT. — «Guerre au Vietnam: 20.000 jeunes français tués; Des dizaines de milliers de jeunes vietnamiens tués; 10 Des dizaines de milliers de malades, blessés et infirmes; 141 milliards gaspillés par an. Pour en finir avec cette sale guerre: RETOUR DU CORPS EXPEDITIONNAIRE!» *Le matelot sort sur ces derniers mots.*

15 LE RÉCITANT (*invisible*). — Les gendarmes maritimes ne savent plus où donner de la tête. Le complot du silence est chaque jour battu en brèche; chaque jour, grâce aux tracts d'Henri Martin, les dessous crapuleux de la guerre d'Indochine apparaissent, frappant d'indignation la conscience des honnêtes gens. 20 Les officiers reçoivent des ordres pour tenter de faire croire à leurs hommes que ces tracts sont le fait de «meneurs sans scrupule».

La réponse est immédiate et plus cinglante que jamais.

1ᵉʳ MATELOT (*entre en lisant*). — «Les meneurs sont nos cœurs de 25 Français libres, qui ont hâte de construire une France propre, où on ne verra plus l'argent payé en impôts par nos pères, servir à la confection des cercueils de leurs fils!»

LE RÉCITANT (*invisible*). — Ce qui inquiète le Gouvernement, c'est qu'aucun des tracts ne fait appel à l'indiscipline individuelle, à la 30 moindre violence, au plus petit acte de sabotage. Alors? Le Gouvernement a recours à la machination infâme, la provocation, c'est-à-dire le coup monté.

Un grand coup de sirène.

QUATRIEME TABLEAU

(10 février à l'Arsenal)

Le petit rideau est fermé.
Heimburger entre en scène, un matelot entre de l'autre côté.
5   1ᵉʳ MATELOT. — Heimburger!... tiens, en voilà un tout frais. Ils sont réussis, il y en a 500 comme celui-là, toujours au même endroit.
Heimburger ne répond pas, songeur il a pris le tract.
1ᵉʳ MATELOT. — Hé, l'Alsacien! *(il le secoue amicalement)* qu'est-ce qui t'arrive? t'es tout pâle?... *(plaisantant)*... t'es plus en
10   Indochine! remets-toi!
HEIMBURGER *(souriant)*. — C'est rien, un coup de cafard, à tout à l'heure!
1ᵉʳ MATELOT. — A tout à l'heure!
Le matelot sort.
15   *Le petit rideau s'ouvre.*
Heimburger monte sur la scène et s'assied à l'angle d'un mur.
Entre Liebert qui s'approche et reste debout à côté de lui.
LIEBERT. — Alors, ça marche comme tu veux? Toujours la maison d'édition Martin et Cie? le tirage augmente, vous allez faire
20   fortune!
HEIMBURGER *(ne répond pas et lit doucement le tract)*... «Avec les mamans inquiètes et désespérées de voir partir leurs fils, tous unis, développons le mot d'ordre: «Paix au Vietnam!»
LIEBERT *(sifflement d'admiration)*. — C'est pas pour dire, mais il
25   sait écrire Martin, il sait ce qu'il faut écrire; ça te tire les larmes des yeux rien que d'y penser... les mères désolées... *(il ricane)* c'est une trouvaille!
HEIMBURGER.— Tais-toi, tu ne peux pas comprendre...
LIEBERT *(le coupant)*. — ... c'est ça, vas-y toi aussi de ton petit
30   couplet, perroquet! t'en as, toi, une maman inquiète?
HEIMBURGER. — Assez!
LIEBERT. — Et puis même, tu crois que c'est avec des pleurnicheries de bonnes femmes qu'on fait ou qu'on ne fait pas la guerre? Un homme, c'est un homme, et ça ne doit compter que sur soi. On
35   est seul dans la vie. *(un temps)*... à moins que toi... on t'a peut-être aidé dans la vie?
HEIMBURGER. — Aidé? *(il regarde Liébert violemment et sans rien dire, et puis il se replie sur lui-même et parle à voix sourde)*... Oui, la Feldgendarmerie, à 15 ans, travail forcé. A 18 ans les
40   S.S., ils m'ont aidé, un revolver dans les côtes, à tuer sur ordre n'importe qui... *(lentement)*... je me rappelle le jour où ils

m'ont habillé... cette saloperie verte... aidé à coups de crosse, à coups de botte.

Passe un 2e matelot.

2e MATELOT. — Salut Liebert! Vous venez boire un coup avant de reprendre le boulot?

LIEBERT. — Tout de suite, on te rejoint...

Le matelot sort.

HEIMBURGER (*continue*). — un jour, j'ai pas pu tenir, je me suis déshabillé, j'ai enterré cette saloperie et puis j'ai marché longtemps, toujours tout seul; rentré au pays j'étais encore tout seul, je ne savais rien. (*brusquement, profondément, il regarde Liebert pour la première fois*). Tu sais ce que c'est toi, la guerre?

Liebert ne soutient pas le regard d'Heimburger.

HEIMBURGER. — Moi, j'exècre la guerre; j'ai cru qu'elle était finie, je me suis engagé dans la marine pour apprendre un métier, pour être enfin comme tout le monde; ça commençait à venir, je suis solide, je peux travailler, beaucoup, longtemps, ça allait... et puis tout d'un coup, c'est revenu comme autrefois, l'Indochine, la guerre, encore une sale guerre et naturellement je les ai retrouvés; ils étaient de nouveau à mes côtés, les tueurs, les légionnaires, les anciens S.S. Je les ai vus dessiner des croix gammées à Tourane, torturer, brûler, piller, comme ils ont fait chez nous, et pas seulement eux, des Français aussi, des gars qui faisaient ça parce que les autres le faisaient d'abord, et puis qui finissaient par y prendre goût.

(*un temps ils se prend la tête entre les mains*)... j'exècre la guerre!...

LIEBERT. — Tu vois, je te le disais, on est seul... oh! tu n'as pas été gâté... seulement la guerre, vois-tu, ce n'est pas une petite affaire; pour s'y attaquer, il faut autre chose que des bouts de papier... (*il prend le tract*)...

Le deuxième matelot revient.

2e MATELOT. — Vous dérangez pas les gars, continuez à penser, moi je m'en suis tapé trois à vot'santé...

Il sort.

LIEBERT (*poursuit tout doucement en souriant*)... le Dixmude appareille dans 10 jours, pour l'Amérique, paraît-il; seulement tu penses bien, au large, changement de cap, un coup de barre, 180°... et en route pour le Vietnam!

Alors, suppose que le Dixmude tombe en panne, et que ce ne soit pas un hasard, tu vois la tête qu'ils feraient tous... quelqu'un qui se serait occupé du palier arrière, oh! pas quelque chose de

méchant, mais enfin de quoi faire une belle panne, un bel
avertissement... Ça, ça serait du travail, seulement, voilà, tu ne
trouveras pas un gars dans l'arsenal pour risquer un coup
pareil... (*il rit*)... pas même moi!

5   *Heimburger n'a pas l'air d'entendre. Un silence. Il se
redresse, se lève, prend le tract des mains de Liebert, et s'en va
par le fond sans dire un mot. Liébert le suit des yeux, il descend
l'escalier vers la rampe en sifflotant, tandis que le petit rideau se
ferme.*

10   *Un policier en civil apparaît, ils se rejoignent sans se
regarder, épaule contre épaule.*

L'INSPECTEUR BERNOT (*entre les dents*). — Bernot, Préfecture, tu
peux y aller.

LIEBERT. — Cette fois, je crois que ça y est.

15   BERNOT. — Explique.

LIEBERT. — Vous savez que le Dixmude appareille la semaine
prochaine.

BERNOT. — Paraît.

LIEBERT. — Vous faites faire une ronde supplémentaire à bord,

20   deux heures avant le départ. Vous direz que c'est par prudence à
cause des tracts démoralisateurs! (*il rit, content de lui*), ça fera
coup double; vous jetez un coup d'œil au palier arrière. Vous
cueillez l'oiseau au nid.

BERNOT. — Ça n'a pas beaucoup de cervelle les oiseaux. S'il

25   changeait d'avis?

LIEBERT. — Il ne changera pas d'avis, je veille sur lui, une vraie
mère poule... bon boulot, hein, vite et bien fait!

BERNOT. — On verra ça.

LIEBERT. — Et moi qu'est-ce que je deviens dans tout ça? Vous allez

30   me donner de la publicité, ça peut devenir dangereux. S'il y
avait un pépin, on ne sait jamais.

BERNOT. — Un pépin? Avec le Commandant... celui que tu
connais... jamais de pépin! Ça fait un bout de temps que j'ai
affaire à lui, quand il était au 2e bureau de Darlan, à Vichy... (*il

35   s'arrête*)... ça c'est une autre histoire. Ce qu'il aime, c'est le
travail fignolé. Si ça marche il te décroche une bonne petite
place dans un bureau, dès que tu as fini ton temps, avec une
retraite au bout. A moins que tu puisses encore servir. En tout
cas, tu peux dormir sur tes deux oreilles, dans la manche du

40   Commandant, tu es au chaud... (*il donne à Liebert une
enveloppe*)... tiens, le compte y est, au revoir.

*Bernot sort. Liebert s'en va à son tour, en vérifiant les billets
que contient l'enveloppe.*

LE RÉCITANT. — Et le 18 février, dans le but de s'opposer au départ du Dixmude qu'il pense appareiller pour l'Indochine, le quartier maître Heimburger jette de la crasse de meule dans le palier arrière de l'arbre porte-hélice.

5   Le 20 février, deux heures avant le départ, comme prévu par Liebert, une ronde découvre l'affaire, et le tour est joué.

Le Dixmude appareillera dans des conditions normales.

Le Gouvernement est satisfait, le premier acte de la machination est accompli.

10   Le 13 mars à l'Arsenal, à l'atelier des essais de combustibles.

CINQUIEME TABLEAU

(Le 13 mars 1950 à l'Arsenal)

Le petit rideau s'ouvre, une table, verres, bouteilles, accessoires de fête.

15   EMILE. — Mes chers amis, notre camarade Perron va vous adresser ses pathétiques adieux.

PERRON (*debout, il chante en exagérant l'émotion avec des gestes de tragédien*).

«Adieu, chers camarades, adieu, faut nous quitter!».

20   *Il est coupé de vifs applaudissements.*

PERRON(*voix normale*). — Et si je me marie et que j'aie des enfants, *Tous en chœur.*

«Je leur casserai un membre avant qu'ils ne soient grands,
«Je ferai mon possible pour leur gagner du pain;
25   «Le reste de ma vie pour qu'ils ne soient pas marins,
«Qu'ils ne soient pas marins.»

Ils reprennent: «Je ferai mon possible...» etc.

EMILE. — Pour Perron... hip, hip, hip... hourrah... (*trois fois*). *tous trinquent, verre en main.*

30   EMILE. — Qu'est-ce que tu vas faire quand tu seras rentré chez toi?

PERRON (*mystérieux*). — Euh! mon Dieu, mon Dieu... j'ai ma petite idée là-dessus.

LOUIS. — Cachottier!

EMILE. — Je parie qu'il y a un jupon dans cette petite idée là !

35   PERRON (*faussement choqué et rougissant*). — Oh! un jupon... vous vous méprenez, chers camarades... rapport au jupon, c'est à Martin qu'il faut vous adresser. Les gars du Cher, c'est les plus dangereux!

MARIO. — Non, Martin?

EMILE. — Il nous avait caché ça?

MARIO. — Fiancé?

PERRON. — Et comment!

5   LOUIS (*très intéressé*). — Elle est bien?

PERRON. — Il n'a jamais voulu montrer sa photo. Et pourtant elle est dans son portefeuille!

EMILE. — Quoi! on ne peut pas la voir?

MARTIN. — Non.

10   LOUIS. — Non?

MARTIN. — Non.

MARIO. — Tant pis.

EMILE. — On se fera une raison.

Pendant les deux dernières répliques, deux marins
15   *passent derrière Martin et le ceinturent en l'immobilisant par les bras, un troisième lui prend son portefeuille.*

EMILE (*joyeux*). — Vas-y Louis. Prends-lui son portefeuille.

MARTIN. — Rends-moi ça!

LOUIS. — Tu ne voudrais pas!

20   MARTIN. — Bougres d'idiots!

EMILE. — Montre voir... dis donc... elle est rudement jolie... en photo.

MARTIN. — Pourquoi en photo?

EMILE. — Te vexe pas. Elle est de chez toi?

25   MARTIN. — Oui.

MARIO. — Il y a de belles filles dans le Cher.

MARTIN. — Il y a aussi de beaux gars.

EMILE. — Non, mais pour qui tu te prends?

MARIO. — Vous vous mariez bientôt?

30   MARTIN (*il range la photo dans son portefeuille*). — Je suis libérable dans cinq semaines; ce sera pour le mois de mai.

Entre Liebert.

LIEBERT. — Martin !

MARTIN. — Salut Liébert!

35   LIEBERT. — L'ingénieur te demande au bureau, il paraît que c'est urgent.

MARTIN (*souriant*). — J'y vais, mais vous me paierez cela quand je reviendrai. (*il sort*).

LIEBERT. — Dites-donc, mais vous êtes en pleine noce. Vous auriez
40   pu me prévenir.

LOUIS. — Viens là, il y en a pour tout le monde.

LIEBERT (*ironique*). — Qu'est-ce qui se passe! de nouveaux galons pour Martin?

EMILE. — C'est Perron qui nous quitte.

LIEBERT (*à Perron*). — A ta santé!

PERRON (*attaque gaîment*). — «C'est dans la pipe qu'on met le tabac»... (*tous en chœur reprennent...*)

5   *Un marin entre en courant. Les autres arrêtent de chanter en voyant sa figure bouleversée.*

ALBERT. — Les gendarmes sont en train de l'emmener. Ils lui ont mis les menottes!

    Tous les marins se lèvent sauf Liebert.

10 EMILE. — Qui ça?

ALBERT. — Henri... Henri Martin!

    Le grand rideau se ferme.

FIN DU DEUXIEME ACTE.

ACTE TROISIEME

On ouvre le grand rideau.

LE RÉCITANT. — Le second maître Henri Martin, arrêté le 13 mars
est accusé de «tentative de démoralisation de l'Armée».
5   Le quartier-maître Heimburger, arrêté à son tour est accusé de
«tentative de sabotage».
Henri MARTIN ignore tout du sabotage...
Sonnerie de téléphone.
Mais le zélé commandant X... décroche son téléphone, il sourit,
10 il est content: «Allo, allo, Paris? le Ministère de la Défense
Nationale? ...merci!»... il sourit, il est très content.
Le petit rideau s'ouvre.

PREMIER TABLEAU

(Juillet 1950 dans le bureau du Commandant X...)

15 *Le Commandant X... à son bureau. Il téléphone.*

COMMANDANT X...— ...allo, Monsieur le Ministre?... je croyais que
nous étions coupés... oui... je vous disais que tout ça se présente
bien... Liebert... prêt à dire ce qu'on voudra lui faire dire... oui,
oui..., mais le plus étonnant Monsieur le Ministre... c'est
20 Heimburger... oui... très têtu l'Alsacien... impossible à prendre
de front; Martin, avec lui, pas question d'y toucher... (*il rit*)...
alors on l'a un peu embrouillé... oui, oui, c'est ça... je crois que
maintenant c'est tout juste s'il ne pense pas rendre service à
Martin, en acceptant de dire qu'ils étaient d'accord pour le
25 Dixmude... naturellement on lui a promis qu'il s'en tirerait...
Oui! un procès-verbal signé! il n'y a plus rien à craindre... nous
allons pouvoir inculper Henri Martin de complicité de tentative
de... non Monsieur le Ministre, je dis tentative de... complicité...
Non, Monsieur le Ministre, pas tentative de complicité, non C.
30 comme Charles, complicité de tentative de sabotage... merci,
Monsieur le Ministre... il ne faut rien exagérer... question
d'habitude... mes respects, Monsieur le Ministre...
(*il raccroche, un peu essoufflé, et continue machinalement*)...
mes respects...
35 *Le petit rideau se ferme.*

LE RÉCITANT. — Pendant que dans le secret des chambres ministérielles et des cabinets de police, le crime s'organise, Henri Martin est toujours en prison. Sept mois déjà!
Il écrit à son père: «Hier il devait y avoir une manifestation, j'ai entendu chanter la Marseillaise et crier: Nous voulons la Paix! Libérez Martin!»
Cris scandés: Libérez Martin! (3 fois).
Et le 17 octobre 1950, le second maître Henri Martin répond à ses juges.

DEUXIEME TABLEAU

(17 octobre 1950 au Tribunal Maritime de Toulon)

A une table, le Président et le Commandant X...

LE PRÉSIDENT. — Henri Martin!
Entrent Henri Martin et Heimburger.
Cris: «Libérez Martin» (cinq fois) Pas de grâce: la Justice! Pas de clémence: l'acquittement!»
Coups de sifflets de la police.
LE PRÉSIDENT. — En vous engageant, vous saviez que vous auriez à obéir à des ordres, à faire la guerre?
H. MARTIN. — Faire la guerre contre l'Armée japonaise? Oui. Contre les femmes et les gosses vietnamiens? Non.
LE PRÉSIDENT. — Voyons... j'ai sous les yeux une adresse aux dockers, elle est signée «un groupe de marins»... c'est vous le groupe de marins?
H. MARTIN. — J'avais parlé de cette adresse à 30 de mes camarades, et tous approuvaient, comme moi, la lutte entreprise par les dockers contre la sale guerre. Et si j'ai pu contribuer à aider les dockers, j'en suis fier.
Sirène de l'Arsenal.
LE PRÉSIDENT. — Prenez-vous la paternité de ce tract intitulé «Marins votons pour la Paix»?
H. MARTIN. — Oui, ce tract a été rédigé sur ma demande et distribué par d'autres matelots après que je leur eus demandé s'ils étaient d'accord avec la lutte pour la Paix.
LE PRÉSIDENT. — Avez-vous reçu une inspiration de l'extérieur pour rédiger ce tract?
H. MARTIN. — Monsieur le Président, je n'en avais pas besoin. Il suffit de regarder ce qui reste à construire dans notre pays, pour

comprendre que les crédits militaires sont trops lourds, et qu'il vaut mieux mettre toutes ses forces au service de la Paix.

LE PRÉSIDENT. — Je ne peux pas vous le reprocher... (*le Commandant X... le pousse du coude*).

5 LE COMMANDANT. — Vous vous êtes engagé dans la marine... moyennant finance...

H. MARTIN. — Vous voulez dire que nous serions des mercenaires?

LE PRÉSIDENT. — Non, mais enfin vous vous êtes engagé pour aller en Indochine.

10 H. MARTIN. — Encore une fois, Monsieur le Président, je me suis engagé pour aller me battre contre les Japonais pour le bonheur du peuple vietnamien; je l'ai déjà dit, on m'a trompé. Je ne porte d'uniforme ni sur mon cœur ni sur ma conscience; je suis toujours prêt à donner ma vie pour mon pays; mais c'était mon

15 devoir de crier mon indignation devant la guerre qu'on nous fait faire en Indochine, et si l'on me traîne aujourd'hui devant un tribunal, c'est que ceux qui dirigent mon pays le trahissent, comme pendant l'occupation.

Cris: «Libérez Martin!» (trois fois).

20 *Violents coups de sifflets.*

LE PRÉSIDENT. — Voyons... vous vous êtes engagé pendant la phase de la guerre contre le Japon; vous pouviez ensuite résilier votre contrat, une circulaire parue en 1946 vous y autorisait.

H. MARTIN. — J'étais encore à bord du Chevreuil quand cette

25 circulaire nous a été communiquée, Monsieur le Président et ce n'est pas moi seulement qui ai demandé ma résiliation, c'est tout l'équipage... (*murmures*)... les demandes ont été rejetées.

LE PRÉSIDENT. — Mais en diffusant le tract...

Le Président est coupé par les bruits venant de la rue: des

30 *ordres: «un, deux, un, deux,» et des coups de sifflets, des bruits de bottes.*

Il s'arrête et se retourne énervé.

VOIX DE L'HUISSIER. — Voulez-vous demander au service d'ordre de ne pas couvrir la voix de M. le Président... c'est vrai... on ne

35 s'entend plus.

L'huissier apparaît et pose sur le bureau du Président une pile de papiers et d'enveloppes.

L'HUISSIER (*confidentiel au Président*). — Monsieur le Président... ce sont les pétitions... pour la libération de...

40 (*il sort gêné par le regard du Président.*)

LE PRÉSIDENT. — Allons, allons, reprenons... En diffusant le tract, «Plus un homme, plus un sou pour l'Indochine». Vous avez fait l'apologie du refus d'obéissance.

H. MARTIN. — Il n'y a pas désobéissance quand il s'agit de lutter contre un gouvernement qui trahit les intérêts de la France. Ceux qui luttaient contre Vichy étaient-ils des traîtres?

LE PRÉSIDENT. — Mais alors chacun peut faire ce qui lui plaît?

5 H. MARTIN. — Entre faire ce qu'il vous plaît et désobéir à des ordres criminels, il y a une différence. Quant à moi, ce que j'ai vu de mes propres yeux en Indochine justifie mon attitude.

COMMANDANT X... — Reconnaîtriez-vous la personne qui vous a donné des tracts à distribuer?

10 H. MARTIN. — Je n'ai pas, Monsieur le Président, à me faire le complice de la répression.

UNE VOIX. — Chacun son rôle.

Sirène de l'Arsenal (3 fois).

Cris: «Libérez Martin!»

15 *Coups de sifflets.*

LE PRÉSIDENT. — Venons-en maintenant à l'accusation de complicité de tentative de sabotage, voulez-vous? Vous connaissez les faits, qu'avez-vous à déclarer?

H. MARTIN. — J'ignorais tout, absolument tout de ce sabotage. Je

20 connaissais bien Heimburger qui était, lui aussi, bouleversé, indigné par la sale guerre. Je lui ai remis des tracts. Mais si j'avais connu son projet, je le lui aurais déconseillé. Nous sommes 8 millions de jeunes Français qui ne voulons mourir ni pour les milliardaires américains, ni pour les millionnaires

25 français. On n'arrêtera pas la guerre du Vietnam par un acte individuel, mais par la décision du peuple français, et j'ai confiance dans les forces du peuple.

Cris: «Libérez Martin» (5 fois) «Retour du Corps expéditionnaire! Paix au Vietnam!».

30 LE PRÉSIDENT. — Vous pouvez vous asseoir Martin... Heimburger!.... vous avez entendu la réponse de Martin, qu'avez-vous à déclarer?

HEIMBURGER *(un temps).* — Martin n'a jamais été au courant du sabotage, Monsieur le Président. Je suis le seul auteur du

35 sabotage sur le Dixmude.

Remue-ménage chez les juges. Exclamations et rumeurs en coulisse.

LE PRÉSIDENT. — Voyons Heimburger, ce n'est pas ce que vous avez toujours dit. J'ai là dans le dossier des procès-verbaux dans

40 lesquels vous faites des déclarations contraires à ce que vous affirmez aujourd'hui.

HEIMBURGER. — On m'a fait comprendre à l'instruction que si je disais que Martin était au courant, je m'en tirerais mieux.

Exclamations et rumeurs en coulisse.

Je regrette ce que j'ai fait, Monsieur le Président, Martin est innocent.

VOIX DE Maître VIENNEY.— Henri Martin connaissait-il, oui ou
5   non, vos projets de sabotage du Dixmude?

HEIMBURGER. — Non, Monsieur l'Avocat.

LE PRÉSIDENT *(se levant hargneux).* — C'est au Tribunal que vous devez adresser vos réponses.

Le petit rideau se ferme.

10   *Cris: «Libérez Martin !» (5 fois), puis on entend un couplet et un refrain du «17e».*[16]

TROISIEME TABLEAU

(17 octobre 1950 dans le Café du Port)

On lève le petit rideau, en fin du chant du «17e».
15   *Café du Port.*

Mario y est seul, les autres entrent très agités, Perron et Yvonne soutenant Louis blessé.

YVONNE. — Mario, de l'eau et une serviette, vite.

PERRON. — Eh bien, ils t'ont joliment arrangé.

20 MICHELINE. — Quelles brutes!

LOUIS. — C'est rien, je vous assure.

PERRON. — Naturellement, c'est quand même un joli coup de matraque.

Yvonne soigne Louis.

25 LOUIS. — Mais non, laissez, ça va très bien.

PERRON. — Allez, sois sage. Laisse-toi soigner. C'est pas si désagréable que ça.

YVONNE. — Ça va mieux?

LOUIS. — Ça va mieux, merci. Je ne peux pas arriver à comprendre
30   qu'il y ait des gens pour faire ce métier-là.

PERRON. — Parle pas de métier, matraquer c'est pas un métier.

LOUIS. — Vous avez vu comme ils ont tapé sur la vieille femme qui vend les journaux?

PERRON. — Oui, on a vu ça.

35   *Mireille et René arrivent en courant, exultant.*

---

16   'Gloire au 17e!', chanson de Montéhus, avec musique de Roger Chantegrelet et Pierre Doubis (1908). Elle célèbre le refus en 1907, *'crosses en l'air'*, des soldats du 17e régiment d'infanterie de Béziers de tirer sur des manifestants.

MIREILLE. — Ça y est ils vont l'acquitter.

RENÉ. — Ah! si vous aviez vu la tête du Commissaire du Gouvernement...

MICHELINE. — Qu'est-ce que vous racontez?

5   MARIO. — Vous pourriez pas parler clairement?

MICHELINE. — Qu'est-ce qui s'est passé?

RENÉ. — L'Alsacien, vous savez Heimburger?

MIREILLE. — Il a juré qu'Henri Martin ignorait tout du sabotage.

RENÉ. — Il a dit qu'il était tout seul et que Martin n'avait jamais été
10   au courant de rien.

MARIO. — Et bien ça... c'est courageux.

RENÉ. — Il aurait quand même pu le dire plus tôt.

MARIO. — Tais-toi, René.

PERRON. — Tu vois, René, je lui ai fait confiance dès le début à
15   Heimburger. C'est un gars rudement bien, seulement quand il
        avait ton âge les nazis l'ont embarqué.

MARIO. — Et il a quand même eu le courage de s'évader lorsqu'ils
        ont essayé de le traîner sur le front russe.

PERRON. — Quand on a pris l'habitude de se croire tout seul, c'est
20   pas facile de s'en tirer.

MARIO. — En tout cas je suis bien content pour lui, et pour Martin;
        c'est bien ce qu'il a fait là.

PERRON (*amène Louis blessé au bar*). — Dis donc Mario, on a soif,
        faut le remonter ce gars-là. Si tu faisais un peu ton boulot; c'est
25   toi qui tiens le bar aujourd'hui, oui ou non?
        Entre une petite fille, Josette, avec un panier à provisions.

JOSETTE. — Bonjour tout le monde!

TOUS. — Bonjour Josette!

JOSETTE. — Elle est pas là Mme Jeanne?

30   MARIO. — Elle est au procès. C'est moi la patronne, tu vois?

JOSETTE. — Vous vous en tirez?

MARIO. — Comment si je m'en tire?... Qu'est-ce que tu veux?... une
        grenadine?

JOSETTE. — Un litre de vin... (*rires — elle tend une bouteille vide*).

35   *Un jeune entre en coup de vent.*

LE JEUNE. — Tu n'as plus de tracts, René?

RENÉ. — Ils sont tous partis.

LE JEUNE. — Bon, je vais en chercher, on se retrouve à la Bourse ce
        soir? Tu emmènes Mireille?

40   RENÉ. — Tu penses!

PERRON (*montrant les jeunes*). — Tiens, voilà ce qui lui a manqué à
        Heimburger.

JOSETTE. — Moi aussi j'ai distribué des tracts... j'en ai donné à toute
l'école.

LOUIS (*la soulève et la porte à bout de bras*). — Tu es une belle
fille... on s'embrasse?

5   JOSETTE (*à Mario*). — C'est un ami d'Henri Martin?

MARIO. — Tu penses, ça vient de lui coûter un coup de bâton sur la
tête.

JOSETTE. — Bon alors je t'embrasse!

LOUIS. — Si tu te mets à embrasser tous les amis d'Henri Martin, tu
10   n'as pas fini.

    Josette s'en va.

MICHELINE. — Casse pas ton litre.

    Cris: «Libérez Martin... Paix au Vietnam!»

    Coups de sifflets, bagarre.

15 MICHELINE. — Ça recommence...

    Yvonne part en courant.

PERRON. — Yvonne... attendez-nous!... elle est enragée... allons-y...
s'ils ne comprennent pas ce qu'on veut, après ça!

MARIO. — Alors et moi... bon Dieu... je ne vais pas encore rester là,
20   à me tourner les pouces... dis donc le blessé, tu pourrais pas
garder le bar?

LOUIS (*en partant*)... penses-tu, j'ai encore un peu de voix pour
crier... faut pas que ça se perde!... (*du dehors*)... et puis si j'en
prends un tout seul, je lui pique sa matraque!

25 MARIO (*seul sur le pas de la porte*). — Coupe-lui aussi ses bretelles,
il aura l'air d'un... oh et puis zut!... tant pis pour le bar, pour
une fois il se gardera tout seul. (*S'adresse au bar*)... bouge pas,
je reviens tout de suite! (*Il sort en courant pour les rejoindre*).

    De l'autre côté de la scène entre un matelot américain
30   *légèrement titubant. Il se dirige vers le bar vide, entre, regarde*
autour de lui.

    On entend le bruit de la manifestation.

L'AMÉRICAIN. — Cognac!

    L'Américain, ne voyant personne, s'approche du comptoir,
35 *puis machinalement met la radio en marche, très fort. Il s'accoude,*
boit un verre qui a été laissé par les autres, puis vide un à un tous les
fonds de verre.

    Là-dessus Mario arrive en courant.

MARIO (*sur le pas de la porte*). — Eh bien ça! dis donc tu te crois
40   chez toi!...

    (*Il va arrêter la radio.*)

L'AMÉRICAIN (*tendant un verre*). — Cognac, please!

MARIO. — Tu ferais mieux d'aller te coucher... tu comprends...
dodo!

L'AMÉRICAIN. — Cognac!

MARIO (*le poussant vers la porte*). — Plize... dehors beaucoup
5   cognac... là, c'est ça... New-York plize... deuxième rue à
droite...

L'AMÉRICAIN. — Oh!... New-York!

MARIO. — Oui... New-York...là-bas!

Bruits de manifestation.

10   L'AMÉRICAIN. — What's matter? what's that noise?

MARIO. — Ça? Ce sont des gens qui ne veulent pas se faire tuer pour
tes patrons!

L'AMÉRICAIN (*s'éloignant en titubant*)... mes pâatrons... what's? ...
mes pâatrons? ... pâatrons?

15   *Les autres reviennent.*

LOUIS. — Ah, eh bien ça va mieux maintenant!

MARIO. — Vous ne savez pas ce qui m'est arrivé, pendant que vous
n'étiez pas là?

LOUIS et PERRON. — Non?

20   MARIO. — Eh bien, quand je suis revenu, la radio marchait et le bar
était occupé, tel que je vous le dis, occupé!...

PERRON (*comme il dirait autre chose*). — Par l'Amérique?

MARIO (*ahuri*). — Comment tu le sais? ... L'Amérique s'était
installée, avait ouvert la radio, et elle buvait...

25   MIREILLE. — Mario tu as trop bu, tu te mets à rêver...

MARIO. — Moi?

LOUIS. — Buvons un coup, tu nous raconteras ça après.

PERRON. — Bon Dieu, qui est-ce qui a fini nos verres?

LOUIS. — Ça, c'est vrai, j'y avais encore pas touché.

30   MARIO (*lugubre*). — ...l'Amérique!... vous voulez pas me croire.

PERRON. — Mario, remplis-nous ça, tout de suite... ou bien on le
dira à Mme Jeanne...

Mme Jeanne entre.

JEANNE. — Qu'est-ce qu'elle a fait Mme Jeanne?

35   MICHELINE. — Il est joli votre barman. Il finit les verres de ses
clients.

MARIO. — Oh! c'est honteux de dire des choses pareilles... n'écoutez
pas ces menteurs, et prenez un pastis Mme Jeanne, ça vous
donnera des ailes (*il sert du pastis dans un demi*).

40   JEANNE. — Mario! du pastis dans un demi! Vous allez me ruiner...
allez partez... sortez-moi de ce comptoir.

MARIO. — Mais, Mme Jeanne...

JEANNE. — Monsieur Mario... je n'aurai plus jamais confiance en
vous.

MARIO (*à Perron*)... Je te jure qu'il y avait un Américain... un
grand!

5 MIREILLE (*àJeanne*)... Alors il paraît que ça s'est bien passé?

JEANNE. — Je crois... oui... la déposition d'Heimburger les a
beaucoup gênés... mais c'est effrayant de penser que le sort
d'Henri est entre leurs mains!

MIREILLE. — Les juges ne peuvent plus le condamner maintenant?

10 JEANNE. — Si tu voyais leur figure pendant l'audience; les mieux
sont impassibles... les pires sont atroces... on ne peut pas savoir
ce qu'ils ont machiné... et devant eux il y a Henri avec son
visage calme, un peu pâle.

MICHELINE. — Vous avez vu son père?

15 JEANNE. — Oui... toujours debout, les yeux clairs comme ceux de
son fils...

MIREILLE. — Et sa fiancée?

JEANNE. — Elle est là. Une jolie jeune fille de chez nous; il y a sa
sœur aussi, son visage est tout jeune mais tendu par l'effort,

20 pour se contenir, pour ne pas se jeter aux côtés de son frère.

MARIO. — Vous êtes restée jusqu'à la fin?

JEANNE. — Je suis restée encore quelques minutes après la
suspension de l'audience; le temps de voir le père d'Henri, ému,
tremblant; il bousculait ceux qui se trouvaient sur son chemin:

25 «*mon fils... je veux voir mon fils...*»
Ils n'ont pas le droit de le juger. C'est une honte. Pour qui se
prennent-ils pour se permettre de le juger.

MARIO. — Ils osent dire qu'ils jugent «au nom du peuple». Le
peuple il est dans la rue, matraqué.

30 JEANNE. — Ils donneraient tout pour ne pas entendre les
«*Marseillaise*», les «*Paix au Vietnam!*», les «*Libérez Martin!*»,
qui pénètrent par rafales dans la salle.

MICHELINE. — Ils donneraient tout pour nous faire taire.

Un jeune ouvrier est entré dans le bar pendant les dernières

35 *répliques.*

L'OUVRIER. — Dites-moi, Madame, ça m'a fait plaisir de vous
entendre. Vous ne pourriez pas me dire comment je pourrais
entrer au Tribunal?

JEANNE. — C'est difficile; ils ne laissent entrer que 40 personnes par

40 audience.

L'OUVRIER. — Comment je vais faire? J'ai quelque chose à remettre
aux juges.

JEANNE. — Toi? Qu'est-ce que c'est?

L'OUVRIER. — C'est un cahier que l'on a tous signé.

MARIO. — D'où viens-tu?

L'OUVRIER. — De Donzère-Mondragon.

MARIO. — Du barrage?

5   L'OUVRIER. — Oui, tous mes camarades m'ont délégué pour porter le cahier au tribunal... (*il sourit*)... seulement, ça m'ennuie un peu, il est tout sale... (*Mario prend le cahier*)... un camarade avait dessiné un béret de marin; elle était jolie notre couverture; seulement on a fait signer sur le chantier, alors maintenant...

10   MARIO. — Il est bien comme il est.

L'OUVRIER. — On aurait aimé lui offrir quelque chose de propre à Henri.

MARIO. — Tu vas le porter à la Bourse du Travail. Là tu le remettras aux avocats.

15   LOUIS. — On l'accompagne?

MICHELINE. — C'est ça, allons-y?

MARIO. — Mireille on y va?

MIREILLE. — Allons-y.

L'OUVRIER. — Je vous remercie, comme ça, ça sera plus facile.

20   PERRON. — Vous ne venez pas Mme Jeanne?

JEANNE. — Si, je ferme et je vous rejoins, à tout à l'heure.

TOUS. — A tout à l'heure.

Mme Jeanne range les verres, tandis qu'Yvonne entre et s'asseoit pour écrire.

25   *Mme Jeanne s'approche d'Yvonne et s'asseoit à côté d'elle.*

Sur l'avant-scène de gauche, un C.R.S. apparaît au fond, baguenaudant. De droite, arrive une femme, qui marche vite. Au centre elle se bute au C.R.S.

LA FEMME. — Oh!

30   LE C.R.S. — Faut pas courir si vite mignonne!

La femme s'écarte et part rapidement.

LE C.R.S. — On fait un tour ensemble ce soir?

LA FEMME (*en se retournant*). — Je préférerais sortir avec un singe!

LE C.R.S (*soufflé*). — Mince alors!

35   *L'Américain entre par la droite.*

LE C.R.S. — Un singe? c'est tous des révolutionnaires, ces gens-là!

L'AMÉRICAIN. — Cognac please?... Meussieu... où çâ, cognac?

LE C.R.S. (*très attentionné, après avoir salué*)... mais tenez... vous allez prendre cette rue là...

40   L'AMÉRICAIN. — Oh! Well.

LE C.R.S. — Tout droit, très bonne maison... là... cognac... tout droit...

L'AMÉRICAIN. — Thankyou... mairci... vous... very... chârming... cognac... avec môa...

LE C.R.S. — Mais non... bon... alors... un petit.

L'AMÉRICAIN (*entraînant le C.R.S.*). — Si... nous bôar... amis
5   bôcoup... bôcoup cognac... (*ils sortent bras-dessus, bras-dessous*).

LA RADIO. — M. Jules Moch a rappelé que c'est sur la base de la compréhension réciproque et de la défense de la civilisation occidentale, que l'amitié franco-américaine...[17]

10   JEANNE (*ferme la radio, revient vers Yvonne et se rasseoit*). — Tu l'as fini?

YVONNE (*lit un tract qu'elle vient de rédiger*):
      «Si l'on avait écouté Henri MARTIN, 3.000 jeunes Français n'auraient pas été exterminés en Indochine le 11 octobre.»
15   «Assez de sacrifices! assez de morts!»
      Le petit rideau se ferme.
      Cris scandés: «Assez de sacrifices! Assez de morts!»
      Sonnerie de téléphone.

RÉCITANT. — Le Commandant X... n'est pas content du tout; il
20   s'était pourtant donné du mal, et voilà que la déposition du quartier-maître Heimburger est venue tout gâcher. On s'inquiète au Gouvernement, à Paris.
      Sonnerie de téléphone.
      Et le téléphone sonne, sonne et le zélé Commandant X... répond:
25   «Nous allons arranger ça tout de suite, Monsieur le Ministre... mais oui, Monsieur le Ministre... comptez sur moi!»

QUATRIEME TABLEAU

(18 octobre 1950 dans le bureau du Commandant X...)

      Le petit rideau s'ouvre.
30   *Chez le Commandant X... Celui-ci est au téléphone.*
      Devant le bureau, debout, l'inspecteur Bernot et Liebert, l'air piteux.

COMMANDANT X... — Comptez sur moi, je suis là... mes respects, Monsieur le Ministre... (*il raccroche*)... je suis là...

---

17   En octobre 1950, Jules Moch (SFIO) est ministre de la Défense dans le gouvernement Pleven. Il est surtout détesté par les communistes à cause de sa dure répression - 'd'une exceptionnelle brutalité' (Jean-Pierre Rioux) - des grèves en novembre et décembre 1947, lorsqu'il était ministre de l'Intérieur dans le gouvernement Schuman.

heureusement que je suis là. (*Aux deux autres*)... Vous pouvez
être fiers... joli travail... elle est belle la déposition
d'Heimburger, je la présente à Monsieur le Ministre comme la
pièce maîtresse du procès... résultat: «Martin est innocent, je
5   jure que Martin est innocent.» Voilà tout ce que l'on a entendu à
l'audience... si... autre chose: les témoins à charge, parfaits les
témoins à charge: Martin est honnête, Martin est bon patriote,
Martin a horreur du sabotage... Inspecteur Bernot!... c'est çà
que vous appelez du travail?
10   BERNOT.   —   Mais, Commandant... les procès-verbaux, à
l'instruction?... on les a bien eus... signés.
COMMANDANT X...   —   ... de quoi faire entendre à tout le monde
qu'ils ont été obtenus le couteau sur la gorge... il est bien de
commencer, Inspecteur, mais il faut savoir achever.
15   BERNOT (*très plat*).   —   ...Ça, c'est bien vrai, Commandant!
COMMANDANT X... (*à Liebert*).   —   Et vous!
LIEBERT.   —   Commandant, je pense que le sabotage sur le
«Dixmude» a été convenablement réglé... Heimburger a exécuté,
sans s'en rendre compte exactement, ce que je lui ai conseillé de
20   faire.
COMMANDANT X...   —   Et après? A quoi voulez-vous qu'il serve
votre sabotage, si nous n'arrivons pas à y impliquer Martin?
LIEBERT (*vexé*).   —   Et ma déposition, Commandant? Je ne pouvais
pas la faire plus précise... Tenez, Commandant... je crois que
25   c'est l'«Aurore» qui titrait: «Déposition accablante pour Henri
Martin».
COMMANDANT X...   —   Et bien, vous pouvez les remercier, à
l'«Aurore». Ils savent qu'il y a des gens qui ne lisent que les
titres... c'est toujours ça de gagné... mais les juges, vous pensez
30   qu'ils sont tombés dans le panneau?... C'était tout de même un
peu gros... vous nous sortez à l'audience des heures précises, des
dates, des rendez-vous, dont vous ne vous souveniez pas cinq
mois avant l'instruction!... Vous ne pouviez pas imaginer ça,
cinq mois plus tôt?
35   LIEBERT.   —   Je ne pensais pas qu'Heimburger...
COMMANDANT X...   —   Il fallait penser, c'est justement ce que je vous
reproche... (*il se lève et va regarder Liebert sous le nez*)... vous
ne pourriez pas avoir une tête honnête?
LIEBERT.   —   Mais Commandant?
40   COMMANDANT X...   —   Vous n'étiez pas joli à regarder pendant votre
déposition... les juges sont des officiers de marine, ça les gêne,
figurez-vous, que le témoin, défenseur des intérêts du pays, ait
le regard en dessous.

LIEBERT (*amer*). — Puisqu'ils le trouvent si sympathique, Martin, ils n'ont qu'à l'acquitter!

BERNOT (*coup de patte*). — Allez, tiens-toi bien!

COMMANDANT X... — C'est ça!... et vous mettre sous les verrous? C'est bien ce qui arriverait si je n'étais pas là pour réparer vos bêtises... (*entre le planton*). Qu'est-ce que c'est?

LE PLANTON. — Le Commandant Leblond, de la Préfecture maritime...

COMMANDANT X... — Bien... une minute. (*Le planton sort*). Allez, vous, filez!... (*Liebert et Bernot vont pour sortir côté planton.*) Non!... par ici... et ne vous faites pas remarquer... il ne manquerait plus que ça!... (*Liebert et Bernot sortent du côté opposé à celui par où est entré et sorti le planton.*)
Entre le Commandant Leblond.

COMMANDANT LEBLOND. — Alors, où en sommes-nous?

COMMANDANT X... — Je viens de voir mes hommes. Ils ont fait ce qu'ils ont pu... ils sont pleins de bonne volonté... Mais les autres... c'est quand même un peu fort... Le président avait-il à dire à Martin: «Je ne puis vous reprocher vos opinions sur la paix...» Jusqu'au commissaire du gouvernement qui laisse un témoin, Madame je ne sais plus qui, nous expliquer de long en large sa douleur d'avoir perdu son fils au Viet-Nam; ce n'était pourtant pas difficile de l'arrêter, c'est son métier, au commissaire du gouvernement... il a fallu que j'intervienne; naturellement Vienney a sauté sur l'occasion... une histoire à faire casser le jugement...[18]

COMMANDANT LEBLOND. — Et après?...

COMMANDANT X... — Hein?

COMMANDANT LEBLOND. — Oui... et après?

COMMANDANT X... — Je vous en prie... ne plaisantez pas... je me suis pourtant donné assez de mal!

COMMANDANT LEBLOND. — Trop... (*geste du Commandant X...*)... Mais si... beaucoup trop... allons, ne vous fâchez pas... En fait, rien n'est perdu... c'est nous qui fixons la peine, n'est-ce pas?...

COMMANDANT X... — Nous aurons tout juste la majorité.

COMMANDANT LEBLOND. — A qui la faute?... (*regard du Commandant X...*)... pas à vous, certes... mais enfin... entre nous... ça ne tient pas debout cette histoire de sabotage!

COMMANDANT X... — Une façon d'influencer ceux des juges qui...

---

18 Maître Vienney est l'avocat principal d'Henri Martin. L'occasion sur laquelle il 'saute' est l'instant où l'un des juges, le commandant Bourraguet ('Commandant X...'), adresse la parole directement à un témoin. Le jugement de Toulon est donc cassé pour vice de forme au printemps 1951.

COMMANDANT LEBLOND (*le coupant*). — Nous y voilà!...
S'empêtrer dans une histoire de sabotage. Se placer à la merci
d'un malheureux Alsacien balloté par des événements qui le
dépassent... tout ça, pour convaincre deux ou trois officiers
5   juges... Vous ne croyez pas qu'il aurait été plus simple de les
trier sur le volet, ces juges?

COMMANDANT X... — On voit bien que vous n'étiez pas au bout du
fil!... (*le Commandant X... désigne le téléphone*). Au Conseil, à
Paris... Oh!... ils la veulent, sa condamnation à Martin... et
10   lourde!... Seulement, voilà... Monsieur le Ministre aurait aimé...
enfin, cela lui aurait fait très plaisir, que nous le «discréditions»
publiquement avant de l'envoyer au bagne.

COMMANDANT LEBLOND (*petit rire*). — Discréditer Martin au
moyen d'un Liebert? ... allons donc... vous voyez où ça nous
15   mène?... Le discrédit?... Il est en train de retomber sur les juges
qui condamneront Martin en faisant mine de croire à cette
absurde histoire de sabotage!...

COMMANDANT X... — Il est dangereux pour le gouvernement
d'envoyer au bagne un garçon qui peut devenir terriblement
20   populaire.

COMMANDANT LEBLOND (*baissant un peu la voix*). — ... voyez-
vous... ce qu'il y a de dangereux dans Martin, c'est qu'il est
intelligent... (*regard du Commandant X...*) ...oui (*un temps*)
...intelligent et tenace... Qu'a-t-il retenu de son aventure de
25   «franc-tireur», comme il dit?... et pourtant, il avait dix-sept
ans..., l'aspect pittoresque?... le décor romantique?... Non, il a
retenu ceci: que dans une affaire aussi importante qu'une
guerre, il avait droit à la parole, que tous ceux qui pensaient
quelque chose sur ce qu'ils croyaient être l'intérêt supérieur de
30   leur pays, avaient droit à la parole..., et que lorsqu'on était assez
nombreux à être du même avis... eh bien... qu'on pouvait avoir
raison contre l'autorité gouvernementale, et même que c'était un
devoir de faire échec à cette autorité... hein?... Qu'est-ce que
vous en pensez?... C'est simple... et puis ça a réussi une fois, ils
35   auraient tort de se gêner..., le voilà le danger Martin.

COMMANDANT X... — Alors?...

COMMANDANT LEBLOND. — C'est pour cela qu'il faut le faire
disparaître... et vite... (*il va vers la porte de l'antichambre*)...
avant que tous ne se mettent à comprendre ce que «leur petit
40   F.T.P. du Cher» est en passe de représenter... (*s'adressant dans
l'antichambre*) ...faites entrer le lieutenant de vaisseau Daumier.

COMMANDANT X... (*songeur*). — Encore un qui va faire le
dégoûté... Vous pensez, marin, fils de marin, petit-fils de marin!

Alors, il va me dire que Martin est un bon Français, que Liebert
a une tête de mouchard, et si je lui parle des intérêts supérieurs
du pays, il va me répondre qu'en 1942 la flotte s'est sabordée en
désobéissant aux ordres supérieurs...[19]

5   COMMANDANT LEBLOND. — A vous de le convaincre. Vous en avez
les moyens (*ironique, en s'approchant du Commandant X...*)
Nous ferons mieux la prochaine fois..., un joli procès tiré à
quatre épingles... peu de phrases... beaucoup de silence... sept
juges au garde à vous (*ils se serrent la main*).

10   COMMANDANT X... — Si c'était à refaire... (*le Commandant
Leblond sort, entre Daumier*).
CAPITAINE DAUMIER. — A vos ordres, Commandant.
COMMANDANT X... — Bonjour, Daumier.
CAPITAINE DAUMIER. — Mes respects, Commandant.

15   COMMANDANT. — Asseyez-vous, capitaine... ça faisait longtemps
que je désirais avoir un petit entretien amical avec vous... vous
fumez?
CAPITAINE DAUMIER (*refusant*). — Merci, Commandant.
COMMANDANT. — C'est la première fois que vous siégez dans un

20   Tribunal maritime?
CAPITAINE DAUMIER. — Oui, Commandant.
COMMANDANT. — Vous voyez... j'ai une certaine expérience de ces
choses... et si je pouvais vous être utile...
CAPITAINE DAUMIER. — Je vous remercie Commandant.

25   COMMANDANT (*un temps*). — ... le verdict qui va découler de ce
procès est lourd de conséquences... que pensez-vous de l'accusé?
CAPITAINE DAUMIER. — Vous voulez parler d'Henri Martin,
Commandant?
COMMANDANT. — Oui.

30   CAPITAINE DAUMIER. — Je le trouve sympathique.
COMMANDANT. — Mon cher ami... dans un procès comme celui-ci,
il n'est guère possible de juger sur des impressions subjectives,
mais sur des faits... (*sonnerie téléphone*) ...et par exemple la
déposition du témoin Liebert... (*sonnerie insistante*) ...vous

35   permettez?... allô... allô... oui. Paris? Voulez-vous dire que je
rappellerai dans quelques instants... (*il raccroche*) ... vous me
disiez... Liebert?
CAPITAINE DAUMIER. — Non, Commandant, c'est vous qui me
disiez Liebert...

---

19   Le 27 novembre 1942, la flotte méditerranéenne est sabordée par ses équipages en rade de
Toulon au moment où des unités de l'armée allemande envahissent l'Arsenal pour s'en
emparer. Plus de 80 vaisseaux de guerre sont coulés, et Vichy a perdu l'un de ses rares
atouts militaires.

COMMANDANT. — Oui... que pensez-vous de Liebert?

CAPITAINE DAUMIER. — (*Silence*).

COMMANDANT (*riant jaune*). — ...Bien sûr... mon cher ami, j'ai bien connu votre père... c'était un homme remarquable... oui... je sais que vous êtes un officier de haute valeur.

CAPITAINE DAUMIER. — Merci Commandant.

COMMANDANT. — Ce n'est pas un compliment... j'ai vu votre nom sur la liste de la dernière promotion... en instance... rue Royale. Vous êtes un officier d'avenir... (*le Capitaine se lève*) ...Capitaine!... (*sonnerie de téléphone*).

CAPITAINE DAUMIER. — Mes respects, commandant.

(*Il sort*).

COMMANDANT. — Capitaine!... (*nouvelle sonnerie, il saisit rageusement le téléphone*) ...oui... oui... très bien... très bien... tout va pour le mieux... Henri Martin sera condamné... mais évidemment... oui, Monsieur le Ministre... A l'unanimité? ...ça, ce sera plus difficile... oui, oui, nous essaierons... mais, Monsieur le Ministre... mais... Monsieur le Ministre (*implorant*) ...Monsieur le Ministre!

Le petit rideau se ferme.

RÉCITANT. — Monsieur le Ministre!... Monsieur le Ministre!... il n'est pas content du tout, Monsieur le Ministre!... il est même très inquiet... il a peur que les juges se rendent à l'évidence et acquittent Henri MARTIN malgré les efforts du zélé Commandant X...

C'est la dernière audience, Maître Vienney termine sa plaidoirie: «Le Gouvernement, au cours du dernier débat sur l'Indochine, à l'Assemblée Nationale, a manifesté son désir d'obtenir la condamnation d'Henri Martin; mais n'oubliez pas que vous êtes des juges, et que les tribunaux sont faits pour rendre des arrêts, et non point des services» ... les paroles de Maître Vienney résonnent encore lorsque le Tribunal se retire pour délibérer.

CINQUIEME TABLEAU

(Le 19 octobre 1950 dans le Café du Port)

Le Café du Port. Mme Jeanne, Louise, Mireille, sont sur le petit escalier du bar. Perron arrive.

PERRON. — Toujours rien, le tribunal délibère encore.

LOUIS. — Deux heures que ça dure.

MIREILLE. — Quand c'est pour acquitter un général nazi, ils ne traînent pas si longtemps.

JEANNE. — Qu'est-ce qu'ils peuvent bien raconter.

5   *Entre Mario.*

MIREILLE. — Alors?

MARIO. — Rien. Je suis passé devant le tribunal maritime. Les gens attendent, tout le monde est dans la rue. L'arsenal a débrayé.

JEANNE. — Asseyez-vous, depuis deux jours, vous ne tenez plus en
10   place... je vais aller voir (*elle sort*).

PERRON. — C'est une brave femme, Mme Jeanne, elle en oublie son petit bistrot.

LOUIS. — Pourvu qu'elle n'aille pas se faire esquinter par les C.R.S.
   Entre Pascalin.

15 PASCALIN. — Mme Yvonne n'est pas là?

MARIO. — Non, vous voulez la voir?

PASCALIN. — Je pensais la retrouver ici; en sortant de l'usine nous sommes tous allés sur le port; ensuite Mme Yvonne a voulu remonter vers le tribunal. Ça devenait difficile d'avancer avec
20   tout ce monde; elle s'est faufilée toujours plus avant, et puis on l'a perdue de vue.

MIREILLE. — Vous travaillez avec Yvonne?

PASCALIN. — Oui, à l'outillage.
   Sifflets de la police.

25 PASCALIN. — 6 ans après la Libération!

MIREILLE. — De nouveau on a l'impression d'être plongés dans le noir.

PERRON. — Oui, comme aux premiers temps de l'occupation.
   Sirène de bateau.

30 LOUIS. — C'est l'escadre américaine.

MIREILLE. — Qu'est-ce qu'ils font ici?

MARIO. — Ils sont en visite...

PERRON. — ...de courtoisie...

LOUIS. — Quoi de neuf dans le «Petit Varois»... (*il prend le journal*
35   *de Pascalin*).

PASCALIN. — Il parle du procès et puis de la bataille de Caobang.

LOUIS. — Hier Caobang... aujourd'hui Langson...[20]

MIREILLE. — ...le massacre continue...
   Entrent Jeanne et Yvonne.

40 MIREILLE. — Alors?

---

20   Cao Bang et Lang Son, désastres militaires en octobre 1950, très coûteux en hommes et matériel.

YVONNE. — Ils l'ont condamné.

LOUIS. — Hein?

JEANNE. — C'est effrayant... 5 ans de réclusion.

MIREILLE. — Ce n'est pas possible? Ils n'ont pas pu faire ça?...

5   LOUIS. — Enfin, quoi, ils n'ont pas pu l'accuser de sabotage? il est
     innocent, c'est clair pour tout le monde?

YVONNE. — Ils l'ont acquitté pour la complicité de tentative de
     sabotage. Ils l'ont condamné pour «entreprise de démoralisation
     de l'armée».

10   MARIO. — Cinq ans de réclusion pour entreprise de...

JEANNE. — Oui.

PASCALIN. — Il n'y a que des criminels qu'on peut condamner à la
     réclusion!

PERRON. — On ne donne pas cinq ans de réclusion à un homme pour
15   avoir dit la vérité!

LOUIS. — Ils n'ont pas lu les journaux. C'est écrit là, noir sur blanc!

PASCALIN. — Cinq ans dans une cellule... sans lumière... sans voir
     personne...

YVONNE. — C'est vrai qu'Henri Martin est condamné... mais il est
20   en vie!

PASCALIN. — Vous ne savez pas ce que c'est, la réclusion!

YVONNE. — Je sais une chose, c'est que s'il nous entendait gémir sur
     son sort, Henri nous mépriserait!

JEANNE. — Vous avez peut-être raison, Yvonne, mais on ne
25   s'attendait pas à ça... c'est dur 5 ans!
     Le père Flandrin est entré pendant les dernières répliques.

YVONNE. — C'est vrai qu'Henri Martin est condamné... mais il sent
     que nous allons attendre 5 ans... Et Henri? Est-ce qu'il a perdu
     son temps à s'apitoyer sur la guerre du Vietnam?... il a fait
30   exactement ce qu'il fallait faire pour l'arrêter... il a crié partout
     la vérité... de toutes ses forces... voilà pourquoi ils l'ont
     condamné... ils ont peur de lui... peur de la vérité... il peut être
     fier, Henri, s'il avait été acquitté, plus un matelot n'aurait
     accepté de partir pour l'Indochine!

35   LOUIS. — C'est quand même terrible de penser que ces bandits sont
     toujours les plus forts.

FLANDRIN. — Dis donc mon gars, c'est pas vrai ce que tu dis là. Il
     n'y a pas si longtemps, une bande de fripouilles torturait,
     fusillait des patriotes. Il y a quand même eu quelques traîtres de
40   châtiés à la Libération, même si ça n'a pas duré longtemps. Il y
     a eu quelques criminels de pendus à Nuremberg, et ça, ça ne
     s'était jamais vu...

MARIO. — Ça c'est bien vrai; il n'y a peut-être plus de juges à
      Nuremberg, mais il doit sûrement rester un peu de corde.

FLANDRIN. — Tu penses... Et puis, vous voyez, il y a une chose
      qu'elle vous a pas encore dite, Yvonne, c'est que deux juges ont

5   voté l'acquittement d'Henri. Vous entendez bien ce que je dis,
      deux juges, malgré la pression des ministres, des ordres
      supérieurs et tout le bataclan, deux officiers de la marine
      française ont voté selon leur cœur, condamnant la guerre du
      Vietnam, risquant leur carrière... ce n'est pas une victoire ça?...

10   alors, qu'est-ce qui m'a fichu ces têtes d'enterrement!

PASCALIN. — Oui, mais maintenant qu'il est condamné, ça va pas
      être facile de les forcer à le lâcher.,

FLANDRIN. — Et comment on a fait, nous, en 19, pour faire sortir
      les marins de la Mer Noire?...[21] un comité de Défense... 15

15   anciens marins... pas un de plus... ils lancèrent une campagne
      qui devait soulever toute la France... 15 travailleurs acharnés,
      qui prirent sur leur repos, sur leurs congés, sur leur paye, pour
      courir partout, raconter les faits, raconter le courage, la fermeté
      des mutins, répondre à toutes les calomnies.

20   Et tout ça se chantait sur l'air du 17e qui avait refusé de tirer
      sur le peuple! «Salut, salut à vous, braves marins de la Mer
      Noire. Salut, salut à vous, petis cols bleus couverts de gloire».
      On avait écrit de nouvelles paroles, et on chantait dans les rues,
      dans les foires, sur les marchés, avec des accordéons, des

25   guitares, des banjos! Les gens se pressaient autour de nous; et
      puis, au lieu de se contenter de ramasser des sous, on parlait, on
      expliquait, et l'on créait de nouveaux comités de défense.
      De nouveaux travailleurs, de nouveau, des braves gens qui se
      lançaient à leur tour en campagne!...

30   Plus un meeting, plus une grève, plus une revendication, sans
      mot d'ordre: «Amnistie pour les marins de la Mer Noire!» ...Et
      les marins bagnards furent élus représentants du peuple!...
      parfaitement!... Inéligibles? Le gouvernement refaisait des
      élections?... Va te faire fiche, les marins étaient de nouveau élus,

35   avec encore plus de voix! Tenez, le pire ennemi des canailles,
      André Marty, a été élu 42 fois, vous entendez ça! 42 fois
      pendant qu'il était au bagne!
      Dans un village des Pyrénées-Orientales, les femmes déchaînées
      traînèrent leur mari au bureau de vote, et firent si bien que le

---

21   Allusion à la mutinerie de matelots de la Marine nationale en 1919, en rade d'Odessa, lors
      de l'intervention de nombre d'états occidentaux contre la révolution bolchevique. L'officier
      mécanicien André Marty se solidarise avec les mutins, est arrêté et condamné à vingt ans de
      travaux forcés. La campagne pour sa libération dure quatre ans.

bagnard André Marty fut élu dans un village royaliste! Tel que
je vous le dis!
Rien ne résiste au peuple quand il est lancé! Malgré les
gouvernements archi-réactionnaires de Millerand et Poincaré,
5   tous les marins furent sauvés, arrachés à la mort lente des
bagnes civils et militaires. Tous, sans exception, furent libérés.
Ils étaient 15 au départ. Vous êtes des milliers aujourd'hui, et
vous demandez comment faire sortir Henri Martin?

PASCALIN. — Il a raison le Père Flandrin, on va, tous, en mettre un
10   coup; et puis d'abord au nom de qui, a-t-il été jugé, Martin? au
nom du peuple qu'ils ont osé nous dire!... menteurs!... au nom
des chéquards! oui!...

FLANDRIN. — Seulement, attention, les amis!... Ce n'est pas qu'avec
des élections qu'on les a sortis, ceux de la Mer Noire. Dites-vous
15   bien qu'en France, pendant près de trois ans, on n'a pas perdu
une occasion de lui crier ce qu'on exigeait de lui, au
gouvernement... Amnistie!... Amnistie!... Libérez Marty!...
Tenez, en mai 1923, deux ministres viennent à Albi... banquet à
tout casser... mais qu'est-ce qu'ils trouvent à la sortie?... Trois
20   mille personnes sur la place... et voilà que leur voiture de
Môssieu le Ministre... au pas!... Et par les vitres baissées,
pendant une demi-heure, les ministres collés à leurs coussins...
et qui reçoivent en pleine figure la grande voix des travailleurs,
la voix des femmes, au premier rang sur les marchepieds...
25   Amnistie!... Amnistie!... Libérez Marty!
Ça, c'est la réception d'Albi!... Et Paris maintenant... le 16 juin
1923... grande fête annuelle à l'Hôtel de Ville... Le ministre de
l'Intérieur Maunoury arrive, solennel... Eh bien, il n'a pas pu
placer un mot, le ministre Maunoury!... En plein Hôtel de Ville,
30   c'est «Le Chant du 17e» qui vient d'éclater... et qui s'installe!...
Et encore les cris... «Amnistie!... Amnistie!... Libérez
Marty!»... pendant trois heures... Le ministre n'en peut plus... il
fait évacuer les crieurs... ils s'appellent: Vaillant-Couturier,
député de Paris!... Notre grand Vaillant-Couturier est à peine
35   sorti par les gardes républicains, que ce sont les tribunes qui se
mettent en action... «Libérez, libérez Marty!...» Il n'en restait
plus grand chose de Maunoury!... Eh oui, les amis...
parfaitement, en plein Hôtel de Ville de Paris, devant les
ministres, les généraux... et les belles madames. Aussi, un mois
40   plus tard, André Marty était libéré... Alors? Qu'est-ce ça veut
dire, tout ça?... Ça veut dire qu'il faut agir, agir en toute
occasion... et qu'on l'entende, la voix du peuple... il faut qu'elle
tonne, et déferle par tout le pays, à chaque occasion, jusqu'aux

élus, jusqu'à ceux qui soutiennent directement ou indirectement
le gouvernement reponsable!... Mais pour cela, il faut d'abord
que le peuple sache... Alors... quand il saura, il arrachera la
libération d'Henri... Et ce n'est pas seulement Henri Martin qui
5   sera rendu à sa famille, à la jeune fille qui l'aime, à son peuple,
ce sont tous les jeunes Français du Vietnam qui seront rendus à
une existence de Paix, dans le travail et dans l'honneur.
Je suis un vieux syndicaliste, eh bien, je vais vous dire, je ne l'ai
jamais trouvée plus belle qu'aujourd'hui notre vieille devise de
10   la C.G.T.: «Un pour tous, tous pour un!»
Henri a travaillé pour nous, à nous de travailler pour lui. Un
pour tous, tous pour la libération d'Henri Martin!
        Et n'oubliez pas: ce que nous avons à raconter, ça ne se dit
pas à mi-voix... les jeunes, on compte sur vous, ÇA SE
15   CHANTE A TUE-TETE!
Tous entonnent le «17e» et sortent de scène, tandis que le petit
rideau se ferme.

SIXIEME TABLEAU

(Le 19 octobre 1950 dans une rue de Toulon)

20   *Entrent deux officiers de marine, dont le Lieutenant de*
vaisseau Daumier.

CAPITAINE. — Eh bien!... c'est fini... trois jours de cauchemar.
DAUMIER. — Oui... mauvais moment à passer.
CAPITAINE. — Je crois que j'aurais préféré faire dix fois naufrage...
25   vous fumez?
DAUMIER *(rit en prenant la cigarette)*. — Merci, avec vous, mon
vieux, c'est un vrai plaisir... vous ne pouvez pas savoir quel bien
ça m'a fait quand j'ai su, après le vote, que je n'étais pas tout
seul... félicitations.
30   CAPITAINE. — Ils l'ont quand même eue leur condamnation.
DAUMIER. — Oui, mais je connais un commandant qui a dû passer
les deux heures de délibération dans ses petits souliers.
CAPITAINE. — Il passera ses nerfs sur la liste de la dernière
promotion...
35   DAUMIER. — ...en instance... rue Royale.
On entend chanter la «Marseillaise», au loin, doucement.
DAUMIER. — Ça ne vous rappelle rien?
CAPITAINE. — ...Toulon... 1942... 27 novembre.

DAUMIER. — ...les ordres supérieurs commandent de livrer la flotte
intacte à l'ennemi...

CAPITAINE. — ...la flotte se saborde, désobéit aux ordres
supérieurs... Et sur les navires qui coulent, on chante *La*
5   *Marseillaise.*

DAUMIER. — Nous sommes bien, ce soir, les deux seuls juges à
pouvoir l'écouter avec plaisir.

Ils s'éloignent.

Dès que les officiers sont sortis, la Marseillaise *s'amplifie, et le*
10   *petit rideau s'entrebâille comme dans le 1er tableau de l'acte 1er.*

*Par l'entrebâillement, le public voit un mur de prison et une
lucarne avec des barreaux. La lumière derrière les barreaux est
bleue, très sombre.*

Le récitant attaque, tandis que la Marseillaise *redevient très*
15   *faible, en fond sonore. Derrière les barreaux, pendant le texte du
récitant, Henri Martin passera plusieurs fois lentement, en tenue de
bagnard. On distinguera sa silhouette plus que ses traits.*

*Le récitant doit être une voix de femme, assez grave, très
sensible, par exemple la voix de l'actrice jouant le rôle d'Yvonne.*

20   LE RÉCITANT. — Le jugement de Toulon a été cassé. Henri Martin
est envoyé devant le Tribunal maritime de Brest. Le
gouvernement a choisi sept juges dociles, sept juges muets au
garde à vous. Sur un terrain militaire entouré de C.R.S., ils
condamneront Henri Martin à cinq ans de réclusion et à la
25   dégradation militaire.

La Marseillaise *s'arrête complètement.*

LE RÉCITANT. — Dans la salle du Tribunal, lorsque l'ignoble verdict
fut prononcé, il y eut un grand silence.

La Marseillaise *reprend plus fort le couplet:* «Que veut cette
30   horde d'esclaves», *etc.*

LE RÉCITANT. — Et puis d'un coup, une formidable *Marseillaise*
jaillit de toutes les poitrines. Les sept juges, blêmes, se sauvent...
«Ils ne peuvent même plus l'écouter», crie Mérot[22], condamné à
mort à Toulon en 1941.

35   *La* Marseillaise *est devenue faible, et la lumière va monter
progressivement derrière les barreaux, jusqu'à la fin du récitant.*

---

22   Jean Mérot, rédacteur en chef de *l'Avant-garde*, dirigeant national de l'Union de la Jeunesse
Républicaine de France, et agent de liaison entre Marty et Henri Martin en 1948 et 1949.

Henri Martin s'est arrêté dans l'encadrement de la lucarne, et s'est tourné face au public.

LE RÉCITANT. — Cinq ans de bagne! Cinq ans de bagne, ce n'est pas seulement la torture corporelle de chaque instant; cinq ans de
5   bagne, c'est la casaque, le matricule marqué sur la manche gauche.
        Dans un coin du Cher, une famille a été touchée au cœur. Pour la maman d'Henri, pour son père, sa sœur, pour sa fiancée, chaque jour est un jour d'angoisse.
10   Henri Martin a eu confiance en nous.
        Eh bien, nous disons au second-maître Henri Martin, bagnard, à la Centrale de Melun: «Nous te libérerons, nous t'arracherons du bagne, nous forcerons le gouvernement à te rendre à ta famille, à ton peuple qui t'aime, et qui est FIER DE TOI!»

15   *Le petit rideau se ferme tandis que les dernières mesures de la* Marseillaise *éclatent, et le rideau se rouvre en plein, sur tous les acteurs en scène, avec le portrait d'Henri Martin, second-maître; les acteurs scandent à pleine voix:*

                    «LIBEREZ HENRI MARTIN!»

20   *tandis que plusieurs fois le petit rideau tombe et se relève.*

ANNEXES

On trouvera, ci-après, les paroles des chansons de marins reprises dans la pièce:

LA COMPLAINTE DU MARIN

-I-

5   Adieu chers camarades, adieu faut nous quitter
Faut quitter la bamboche, à bord il faut aller
En arrivant à bord en passant la coupée
A l'officier de quart faudra se présenter,
Faudra se présenter.

10   -II-
Coup de sifflet du maître, poste d'appareillage
Autour du cabestan se range l'équipage
Un jeune quartier-maître, la garcette à la main
Aux ordres du premier-maître, nous astique les reins,
15   Nous astique les reins.

-III-
Jours de fêtes et dimanches, il nous faut travailler
Comme les bêtes de somme qui sont chez nos fermiers
Pour ration des gourganes, des biscuits pleins de vers,
20   Le quart de vin en bas la nuit les pieds aux fers,
La nuit les pieds aux fers.

-IV-
Et si je me marie et que j'aie des enfants
Je leur casserai un membre avant qu'ils aient vingt ans;
25   Je ferai mon possible pour leur gagner du pain,
Le restant de ma vie, pour qu'ils n'soient pas marins,
Pour qu'ils n'soient pas marins.

EUGENIE...

Eugénie, les larmes aux yeux   Voiles au vent mon cher amant
30   Je viens te faire mes adieux.   Tu me causes bien du tourment
Nous partons pour l'Indochine   Il veindra une tempête
Nous reviendrons dans longtemps   Un orage assurément
C'est pourquoi, les larmes aux yeux   Qui perdra tout l'équipage
Je suis venu te dire, adieu   Et moi je resterai, sans amant.

Eugénie à mon retour
Sois fidèle à nos amours
Tu m'as promis ma mignonne
De m'attendre seule, au logis
5 Nous nous marierons ensemble
Ma charmante, belle Eugénie

TABLE DES MATIERES

DRAME A TOULON — HENRI MARTIN

Textes littéraires

Titres déjà parus

Textes littéraires